LITTÉRATURE FRANÇAISE

LES TEXTES ESSENTIELS

Françoise Ploquin

Laurent Hermeline
Dominique Rolland

HACHETTE Livre
Français langue étrangère

58, rue Jean-Bleuzen, 92170 VANVES
http://www.fle.hachette-livre.fr

AVANT-PROPOS

Comment les auteurs ont-ils été choisis ?

C'est un vrai livre de lecture. Voilà réunis les textes les plus représentatifs des grands auteurs français et leur commentaire.

C'est un vrai livre de littérature, car ce que nous appelons littérature est la connaissance vivante d'auteurs qui ont écrit des textes marquants. Cela suppose que l'on s'intéresse à leur existence et que l'on cherche à comprendre quelle a été leur vision du monde et leur conception de l'écriture. Tous ces aspects sont abordés dans les pages qui suivent. Le choix de textes va du premier texte non religieux écrit en langue française *(La Chanson de Roland)* aux textes des auteurs les plus contemporains, une large place ayant été faite à ces derniers. Il réunit les grands noms de la littérature, les auteurs qui ont innové dans l'histoire des lettres et des auteurs populaires, autrement dit ceux qui ont acquis une reconnaissance, qui sont toujours lus aujourd'hui, en France et hors de France, mais qui figurent rarement dans les anthologies savantes (textes 28, 32, 38, 39, 45, 48, 54, 59, 73).

Des auteurs et des textes

Sous le nom de chaque auteur, une définition – la plus brève possible – sert à le caractériser.

Une **biographie** est présentée à partir de quelques dates importantes. Les titres des œuvres les plus connues y figurent.

Un rapide **commentaire littéraire** tâche de cerner la place qu'occupe l'auteur dans l'histoire de la littérature.

« **À signaler** » présente un aspect surprenant du personnage.

Les courants littéraires ou des phénomènes éditoriaux importants pour comprendre la vie des lettres en France sont présentés dans de courts paragraphes, quand l'occasion se présente (romantisme, existentialisme, Académie Goncourt, etc.).

Le texte : il a été choisi en fonction de plusieurs critères :
– Il a un intérêt en soi. Il est court et complet, il forme un tout lisible ou une histoire complète.
– Il est caractéristique du style de l'auteur et des thèmes qu'il aborde.
– Il n'est pas trop difficile à comprendre ; les mots les plus complexes sont expliqués en notes.

« **Observez** » regroupe des remarques brèves qui attirent l'attention sur les raisons qui ont conduit à retenir ce texte, précise son intérêt, souligne sa beauté.

Couverture : Alain Vambacas / Maquette et réalisation : Mosaïque
ISBN 2.01.15.5150.1
© HACHETTE LIVRE 2000, 43, quai de Grenelle, 75905 Paris Cedex 15
Tous droits de traduction, de reproduction et d'adaptation réservés pour tous pays.

La littérature française, mouvement perpétuel entre raison et passion

Un mouvement de balancier qui oscille entre raison et passion semble rythmer l'histoire des courants et des sensibilités littéraires, en France, des origines à nos jours.

Moyen Âge : amoureux, religieux, héroïque et malin

Du point de vue de l'observateur d'aujourd'hui, c'est une période de cinq siècles (XIe au XVe) qui se trouve condensée sous le terme de Moyen Âge. Durant cette période les religieux, les philosophes, les scientifiques écrivent en latin. La langue vulgaire appelée ancien français ou roman est difficilement compréhensible de nos jours ; elle est toujours présentée ici en traduction. Trouvères au Nord, troubadours au Sud, colportent de château en château une littérature orale. Ils glorifient l'héroïsme dans les *chansons de geste* (1, 2). Ils célèbrent l'amour courtois dans des vers qui expriment une soumission totale à la dame qui règne en maîtresse sur leur cœur (3). Parallèlement, les clercs (lettrés religieux) recueillent toute une tradition populaire qui détaille les mille et un détours de la ruse (4) et, dans des courtes pièces théâtrales, les *farces*, on apprend comment la femme peut tromper son mari, le paysan son seigneur, le débiteur son créancier. Cette période tout imprégnée de religion a également produit un magnifique théâtre sacré : les *mystères* qui mettent en scène des épisodes de la vie de Jésus et les *miracles* qui montrent un pécheur sauvé par la Vierge. La fin de cette période a donné de très beaux poèmes souvent marqués par la frénésie de la danse macabre (5).

XVIe siècle : Renaissance et humanisme

La Renaissance fait un retour vers l'antiquité. Elle met l'homme au centre de ses préoccupations. Hommes de sciences et hommes de lettres retournent à la source antique et repensent la condition de l'homme à partir de leur expérience personnelle : appétit de savoir, esprit critique et attention à l'humain définissent les contours de l'*humanisme* (6, 7, 8, 9).

XVIIe siècle : Le classicisme, le triomphe de la raison

Après une quarantaine d'années d'exubérance sentimentale et artistique (préciosité et baroque), une exigence de rationalité dans la langue et la littérature apparaît. Avec la création de l'Académie française, grammaires et dictionnaires se multiplient pendant que des règles strictes sont inventées pour la production des œuvres de l'esprit : c'est le triomphe de la raison et celui du *classicisme*. Ce mouvement cherche à décrire, et donc à contrôler l'ennemi désigné qu'est la passion. Les hommes de théâtre la rendent responsable des plus grands exploits ou des plus grands malheurs de l'humanité (12, 14, 15). Dans leur registre, les philosophes, défenseurs de la raison, s'efforcent de traiter scientifiquement la question des sentiments (10, 11).

XVIIIe siècle : Le siècle des Lumières : raison et sentiments

C'est le siècle des « philosophes » (Montesquieu, Voltaire, J.-J. Rousseau, Diderot) (17, 18, 19, 20). La mode des cafés, des salons de discussion développe un esprit critique qui remet en cause la légitimité du pouvoir. La réflexion politique et sociale s'ordonne autour de l'idée de tolérance :

tolérance de pensée, de religion, de mœurs. Elle aboutira à la fin du siècle à la *Déclaration des Droits de l'homme et du citoyen* affirmée par la Révolution Française. Le jeu des relations amoureuses prend une tournure cruelle ; d'inspiration légère au début du siècle (16), elle devient affaire de stratégie froidement calculée avec les libertins (22). Mais la sensibilité reprend ses droits, elle devient même l'expression de la vertu et de la communion avec la nature (19).

XIXe siècle : Variations sur le « mal du siècle »

Dans la continuité de J.-J. Rousseau, des auteurs font de leur communion avec la nature le moyen privilégié de leur relation avec Dieu (23, 24). Les espoirs nés de la Révolution Française et de l'épopée napoléonienne se brisent devant le retour de l'ordre ancien : le mal du siècle s'empare de toute une génération (25, 29). Le retour en force de la bourgeoisie en 1830 provoque un sentiment de répulsion qui se traduit par un rejet des valeurs esthétiques classiques. Le *romantisme* refuse les règles héritées du XVIIe siècle, rejette le conformisme des élites et veut mettre le peuple et l'histoire à l'honneur (27, 28). C'est la grande époque du roman, genre qui décrit l'individualisme et la vanité d'une société fondée sur le pouvoir de l'argent (26). Certains portent un regard désabusé sur la bêtise de la nature humaine (30, 37), d'autres conçoivent la théorie d'une hérédité destructrice (34). Le progrès scientifique et technique n'apportant que déception (32), tout un groupe d'écrivains s'attache à l'art pour l'art. Ils ne cherchent plus à changer la réalité mais à s'en venger en l'exprimant (31) ou à arracher au langage des effets nouveaux, décalés et étonnants (33, 35, 36).

XXe siècle : L'âge d'or du langage

Privé de la signification directe de son texte par la théorie freudienne de l'inconscient, l'écrivain cherche à jouer avec le langage. Il veut reconquérir, à travers des effets rationnellement concertés, une nouvelle liberté par son écriture (41, 50). Le mouvement surréaliste, à l'inverse, se plaît à laisser l'inconscient et ses pulsions passionnelles s'exprimer dans le langage (51, 52, 53). Mais l'écrivain du XXe siècle est en phase avec son temps. Le bouleversement causé par la Première Guerre mondiale et par la révolution russe pousse les *surréalistes* à s'engager dans l'action. D'autres participent activement au combat (56), d'autres encore dénoncent la barbarie de la guerre et défendent le pacifisme (49) ; d'autres enfin construisent une philosophie de *l'absurde* (66). La pensée de l'absurde va contaminer jusqu'au langage du théâtre (62, 64). L'engagement dans l'histoire du siècle entraîne le développement d'une nouvelle philosophie, l'existentialisme : l'homme est ce qu'il se fait (61) ; la femme ne naît pas femme, elle le devient (63). Toutefois par-delà les guerres, par-delà les engagements politiques des uns et des autres, le XXe siècle dans la littérature française est marqué par une subversion du langage (47, 67, 73), par une refondation des genres littéraires avec le *nouveau roman* (65), par une reprise des textes fondateurs (71), par une virtuosité verbale et formelle (57, 58). Cette recherche ininterrompue au cours du siècle sur les ressources et les buts du langage aboutit à un mélange des rôles entre le critique et l'écrivain (69), l'auteur développant la critique de sa propre œuvre, le critique faisant œuvre d'écrivain par sa critique. Écrire aujourd'hui, quel que soit le genre dans lequel on s'exprime, c'est se demander comment, pour qui et pour quoi on écrit.

1. LA CHANSON DE ROLAND — XIe siècle

La première chanson de geste

La Chanson de Roland est signée d'un certain Turold, sans doute le transcripteur. Ce texte semble être l'aboutissement d'un travail d'écriture à partir de plusieurs versions orales du même thème.

Geste vient du latin *gesta* : action, exploit. La chanson de geste est un récit qui célèbre le courage, le sens de l'honneur et de la loyauté, valeurs essentielles de la chevalerie. Ces récits, chantés ou récités avec un accompagnement musical, étaient largement diffusés dans les châteaux et sur les places des marchés par des trouvères et des jongleurs. Ce genre, au départ oral, a constitué par la suite le matériau des premiers textes littéraires écrits en français. *La Chanson de Roland* est la première œuvre littéraire non religieuse écrite dans la langue du peuple.

À SIGNALER L'épopée de Charlemagne, de Roland et des Paladins de France a largement dépassé les frontières de la France. On la retrouve encore aujourd'hui en Sicile dans les spectacles de marionnettes populaires, issues du *Roland Furieux* de l'Arioste.

La mort de Roland

Le texte est destiné à être lu à haute voix. Il est écrit en vers dont la musicalité est fondée sur des assonances, c'est-à-dire la répétition d'une même voyelle accentuée en fin de vers. Ces vers sont regroupés en strophes nommées laisses. *Voici une traduction en français moderne.*

CLXXIV – Roland sent que la mort le pénètre : de la tête, elle lui descend vers le cœur. Sous un pin il est allé, en courant. Sur l'herbe verte, il s'est couché, face contre terre ; sous lui il place son épée et l'olifant[1]. Il tourne sa tête vers la gent païenne : il veut que Charles dise, et toute son armée, qu'il est mort, le gentil comte, en conquérant. Il bat sa coulpe[2] et menu et souvent ; pour ses péchés, il tend vers Dieu son gant[3].

Charlemagne arrive trop tard sur les lieux et découvre le corps de son neveu.

CCIX – « Ami Roland, ô preux, belle jeunesse, quand je serai à Aix, en ma chapelle, mes hommes viendront, demanderont des nouvelles. Je les leur dirai, étranges et cruelles : « Il est mort, mon neveu, qui m'a fait tant de conquêtes. » Contre moi se révolteront les Saxons et les Hongrois et les Bulgares et tant de peuples ennemis, les Romains, ceux de Pouille et de Palerme et ceux d'Afrique et ceux de Californie : alors commenceront mes peines, mes souffrances ! Qui conduira mes armées avec cette énergie, quand celui-là est mort, qui toujours nous conduisait ? Ah, France, comme tu restes déserte ! J'ai si grand deuil que je ne voudrais plus être. »

La Chanson de Roland (XIe siècle).

1. Cor d'ivoire.
2. *Il bat sa coulpe* : il demande pardon pour ses fautes en se frappant la poitrine.
3. C'est la façon dont le vassal rend hommage à son suzerain.

OBSERVEZ

- Comme dans toute épopée, *La Chanson de Roland* s'appuie sur des événements et des personnages historiques réels. L'épopée réécrit l'histoire, avec des éléments dramatiques inventés.
- Charlemagne apprécie Roland, qui est le modèle du bon chevalier : loyal, énergique, courageux, conquérant, au service du « vrai Dieu ».

2. Chrétien de TROYES

Le roman de l'honneur féodal

vers 1135 - vers 1183

Chrétien de Troyes situe l'action de ses romans (écrits en vers de huit pieds et destinés à être chantés) à la cour du roi Arthur. Arthur accueille les chevaliers qui cherchent l'aventure. Les plus célèbres sont Lancelot, Perceval et Gauvain. Chrétien célèbre un certain esprit de chevalerie qui associe vaillance, loyauté, fidélité, sens de l'honneur, et don de soi.

À SIGNALER • Certains épisodes sont représentatifs de l'amour courtois, dans lequel le chevalier accomplit des exploits extraordinaires pour conquérir une dame inaccessible.

Vers 1150 Clerc (savant) à la cour de Marie de Champagne. Ses œuvres font partie des premiers romans, récits imaginés écrits en langue romane et non en latin.

Vers 1170-1181 Beaucoup de ses œuvres ont été perdues, mais il nous reste cinq romans dont *Perceval* ou *Le Conte du Graal* (vers 1180, resté inachevé avec 10 000 vers). Chrétien de Troyes inaugure un genre : le roman arthurien.

• La légende a inspiré l'opéra *Parsifal* (1882) de Wagner et le film parodique, *Monthy python and the Holy Grail* (1974), ainsi que *Perceval le Gallois* (1978) d'Éric Rohmer.

Perceval le Gallois

Perceval est un jeune homme naïf, élevé par sa mère à l'écart du monde. Elle lui cache ses origines parce que son père et ses oncles, chevaliers courageux, ont été tués au combat. Elle l'élève comme un paysan et espère qu'il échappera de cette manière à ce destin. Il deviendra pourtant chevalier, et se lancera dans la quête du Graal.

« Valet[1], dit-il, sans vouloir te vexer, dis-moi, les cinq chevaliers et les demoiselles, les as-tu rencontrés ou vus ? » Mais le garçon le prend par le pan de son haubert[2] et le tire : « – Dites-moi, beau sire, de quoi êtes-vous vêtu ? – Valet, fait l'autre, ne le sais tu pas ? – Moi, non. – Valet, c'est mon haubert ! : il est aussi pesant que du fer. – Est-il de fer ? – Tu le vois bien ! – De cela, fait-il, je ne sais rien, mais il est bien beau, Dieu me protège ! Qu'en faites-vous ? À quoi sert-il ? – Valet, c'est facile à dire : si tu voulais me lancer un javelot ou me tirer une flèche, tu ne me ferais aucun mal... – Seigneur chevalier, que Dieu garde les biches et les cerfs de tels hauberts ! Je ne pourrais plus en tuer, ni jamais courir après ! » Et le chevalier lui répète : « Valet, par Dieu, peux-tu me dire des nouvelles des chevaliers et des demoiselles ? » Mais le garçon qui n'avait guère de sens[3] lui dit : « Êtes-vous né ainsi ? – Mais non, valet, il est impensable qu'on puisse naître ainsi ! – Qui vous a donc ainsi équipé ? – Valet, je te dirai bien qui. – Dites-le donc. – Très volontiers : il n'y a pas cinq jours que ce harnois[4] m'a été donné par le roi Arthur qui m'adouba[5] ».

Perceval le Gallois (XIIe siècle).

1. Jeune homme, diminutif de vassal, ici Perceval.
2. Cote de mailles.
3. Logique, raison.
4. Armure.
5. Me fit chevalier en me donnant des armes et une armure.

O B S E R V E Z

• Les questions du jeune garçon sont très naïves.

• Malgré les efforts de sa mère, il est émerveillé par le chevalier qu'il rencontre et accomplit son destin en devenant chevalier comme son père.

TRISTAN ET ISEULT
La fatalité de la passion amoureuse

	XIIe siècle
	L'histoire de Tristan et Iseult est une ancienne légende celtique dont on retrouve des versions dans toute l'Europe. Elle est connue par les écrits de deux auteurs, Thomas d'Angleterre et un certain Béroul.

Le chevalier Tristan est chargé d'aller chercher en Irlande la blonde Iseult que son oncle, le roi Marc de Cornouailles, doit épouser. Sur le bateau qui les ramène en Angleterre, Tristan et Iseult boivent, par erreur, un philtre d'amour qui devait unir pour toujours Iseult et le roi Marc. Incapables d'échapper à cet amour, les amants se séparent. Mortellement blessé dans un combat, Tristan fait appeler Iseult pour la revoir une dernière fois. Elle arrive trop tard et meurt à ses côtés.

À SIGNALER

L'histoire de Tristan et Iseult devient en Occident un véritable mythe de l'amour interdit et de la passion fatale. Le thème sera souvent repris, notamment par Wagner (*Tristan*, 1865) et par Jean Cocteau (*L'Éternel retour*, 1941).

« Ensemble, puissions-nous mourir ! »

Il ne reste que des extraits de l'œuvre des deux auteurs, 3 000 vers chacun environ. Voici une adaptation, en français moderne, de la mort d'Iseult.

Dès qu'Iseult apprend la nouvelle, de douleur elle ne peut dire un mot. Cette mort l'accable d'une telle souffrance qu'elle va par la rue, vêtements en désordre, devançant les autres, vers le palais. Les Bretons jamais ne virent femme d'une telle beauté : ils se demandent, émerveillés, d'où elle vient et qui elle est. Iseult arrive devant le corps ; elle se tourne vers l'orient et prie pour lui en grande pitié : « Ami Tristan, quand vous êtes mort, en raison je ne puis, je ne dois plus vivre. Vous êtes mort par amour pour moi, et je meurs, ami, par tendresse pour vous, puisque je n'ai pu venir à temps pour vous guérir, vous et votre mal. Ami, ami, de votre mort, jamais rien ne me consolera, ni joie, ni liesse[1], ni plaisir. Maudit soit cet orage qui m'a tant retenu en mer, ami, que je n'ai pu venir ici ! Si j'étais revenue à temps, ami, je vous aurais rendu la vie ; je vous aurais parlé doucement de l'amour qui fut entre nous ; j'aurais pleuré notre aventure, notre joie, notre bonheur, la peine et la grande douleur qui ont été en notre amour ; j'aurais rappelé tout cela, je vous aurais embrassé, enlacé. Si je n'ai pu vous guérir, ensemble puissions-nous mourir ! ».

Tristan et Iseult (XIIe siècle).

1. Bonheur.

OBSERVEZ

- La passion de Tristan et Iseult est impossible à vivre. Elle ne peut trouver sa solution que dans la mort.
- Dans le poème, tout est extrême. C'est cet absolu qui donne naissance au mythe.
- Ce texte était destiné à être chanté devant un public. Comme dans toute la littérature orale, les répétitions sont nécessaires (« ami Tristan, ami »).

4 LE ROMAN DE RENART

XIIIᵉ siècle

Récits animaliers satiriques

Le Roman de Renart est un ensemble de récits satiriques qui ont pour héros des animaux : Renart le « goupil », Ysengrin le loup, Tibert le chat, Chanteclerc le coq. Cette société animale inspirée du folklore et de fables latines est à l'image des sociétés humaines. Les différents épisodes, ou *branches*, sont rédigés en octosyllabes (vers de 8 syllabes).

À SIGNALER C'est en raison de la popularité de ces contes et surtout du personnage de Renart que l'animal que l'on appelait avant « goupil » est appelé aujourd'hui *renard*, sans majuscule et avec un « d » final.

Renart et les anguilles

Écoutez maintenant comme il les trompe ! Il se vautre sur le gazon et fait le mort. Renart qui trompe tout le monde ferme les yeux, serre les dents : il retient son haleine en prison. Vit-on jamais pareille trahison ? Il reste là, gisant. Voici les marchands qui arrivent sans y prendre garde. Le premier qui le voit le regarde, puis appelle son compagnon : « Regarde, là : c'est un goupil, ou un chien ! » L'autre le voit et s'écrie : « C'est le goupil ! Vite, attrape-le ; garde qu'il ne t'échappe : il sera bien malin, Renart, s'il ne nous laisse sa peau. » [...]

À ces mots, ils s'avancent, le lancent sur leur charrette, puis se remettent en route. Ils sont en grande joie, tous deux et disent : « Pour l'instant nous n'y touchons pas, mais cette nuit, chez nous, nous lui retournerons la casaque[1] ! « Cette histoire ne leur déplaît pas. Mais Renart ne fait qu'en rire : il y a loin entre faire et dire ! Il s'allonge sur les paniers, en ouvre un avec les dents, et en tire, sachez-le bien, plus de trente harengs : il vide presque le panier. Il en mange très volontiers, sans regretter ni sel ni sauge. Avant de s'en aller, jettera-t-il encore son hameçon ? N'en doutons pas ! Il s'attaque à l'autre panier, y met son museau et ne manque pas d'en tirer trois colliers d'anguilles. Renart qui connaît maintes[2] ruses passe sa tête et son cou dans les colliers, puis les dispose sur son dos : il en est tout couvert.

Maintenant, il peut s'en aller. Mais il faut trouver une ruse pour sauter à terre : il n'y a ni planche ni échelle. Il s'agenouille pour voir comment sauter sans dommage. Puis il s'est un peu avancé, et des pieds de devant, se lance hors de la charrette au milieu du chemin. Autour de son cou, il porte sa proie. Puis, quand il a fait son saut, il crie aux marchands : « Dieu vous garde ! Toutes ces anguilles sont à moi,... et le reste est pour vous ! »

Le Roman de Renart (XIIIᵉ siècle).

1. Veste. 2. De nombreuses.

O B S E R V E Z

- Le caractère de Renart apparaît bien dans le texte. Sa ruse associe invention et stratégie, talent de comédien, absence de scrupules, insolence et ironie.

- Renart est un personnage rebelle, voleur et sans morale, mais sympathique. Il trompe les marchands qui croyaient faire une bonne affaire, d'où l'effet comique.

François VILLON
Un pied de nez à la mort

L'œuvre de Villon, contenue dans deux recueils – Le Lais (le legs, l'héritage) et Le Testament – est dominée par une réflexion parfois tragique, parfois ironique, parfois burlesque, parfois mystique sur la mort. À travers ses poèmes, se dévoile la personnalité d'un voyou cultivé, sensuel et sensible, amoureux de liberté, rebelle à toute norme. La musicalité de ses vers, souvent des octains d'octosyllabes (huit vers de huit syllabes), donne à son œuvre une tonalité très moderne.

La Ballade des pendus

Ballade : poème composé de trois strophes du même nombre de vers et d'une demi-strophe appelée « envoi ». La Ballade des pendus, dont figure ici un extrait, comprend 3 strophes de 10 vers et un envoi de 5.

Frères humains qui après nous vivez
N'ayez les cœurs contre nous endurcis[1]
Car, si pitié de nous pauvres avez
Dieu en aura plus tôt de vous mercis[2].
Vous nous voyez ci[3] attachés cinq six :
Quant de[4] la chair que trop avons nourrie,
Elle est pieça[5] dévorée et pourrie,
Et nous, les os, devenons cendre et poudre[6],
De notre mal personne ne se rie :
Mais priez Dieu que tous nous veuille absoudre[7] ! [...]

La pluie nous a débués[8] et lavés,
Et le soleil desséchés et noircis ;
Pies, corbeaux, nous ont les yeux cavés[9],
Et arraché la barbe et les sourcils.
Jamais nul temps nous ne sommes assis,
Puis çà, puis là, comme le vent varie,
À son plaisir sans cesser nous charrie[10],
Plus becquetés d'oiseaux que dés à coudre.
Ne soyez donc de notre confrérie[11] ;
Mais priez Dieu que tous nous veuille absoudre !

Prince Jésus, qui sur tous a maîtrie[12],
Garde qu'Enfer n'ait de nous seigneurie[13] :
À lui n'ayons que faire ni que soudre[14].
Hommes ici n'a point de moquerie[15] ;
Mais priez Dieu que tous nous veuille absoudre !

La Ballade des pendus (XVe siècle).

---

vers 1431 - vers 1463

1431 Date probable de la naissance de François de Montcorbier.

1439 François est pris en charge par Guillaume de Villon, chapelain du quartier de la Sorbonne qui l'élèvera et dont il prendra le nom.

1449 François Villon est bachelier et obtient la maîtrise ès arts (1452).

1455 Il tue un prêtre au cours d'une bagarre et est banni de Paris.

1456 Réhabilité, il est autorisé à revenir à Paris. Il écrit les poèmes du *Lais*.

1461 Poèmes du *Testament*.

1462 Il est condamné à mort, pour une autre affaire de meurtre. En prison, il compose « La Ballade des pendus ».

1463 Sa peine est commuée en dix ans de bannissement. François Villon quitte Paris et on perd sa trace.

---

1. *N'ayez ... endurcis* : n'ayez pas les cœurs endurcis contre nous. 2. Pitié. 3. Ici. 4. *Quant de* : en ce qui concerne. 5. À certains endroits. 6. Poussière. 7. Pardonner. 8. Lessivés. 9. *Nous ont les yeux cavés* : nous ont crevé les yeux. 10. Emporte. 11. *Ne soyez pas de notre confrérie* : ne soyez pas comme nous. 12. *Qui sur tous a maitrie* : qui a pouvoir sur tout le monde. 13. *Garde seigneurie* : empêche que l'enfer ne nous prenne. 14. *À lui ... soudre* : n'ayons pas affaire à lui. 15. *Hommes, ... moquerie* : hommes, il n'y a pas de quoi rire ici.

OBSERVEZ

- La vision réaliste des corps en décomposition amène à une réflexion sur la condition humaine, contenue dans le refrain « mais priez Dieu que tous nous veuille absoudre ».

- Ce sont les cadavres qui parlent aux vivants. Ils leur demandent d'avoir pitié, de prier Dieu pour eux, et les supplient de ne pas les imiter. C'est un voyou qui parle, mais il a le respect de Dieu.

6 François RABELAIS

Humanisme et comique de farce

	1494-1554

L'une des originalités de l'œuvre de François Rabelais est de réunir de très nombreux savoirs : agronomie, médecine, navigation, astronomie, théologie, médecine, physique, toutes les disciplines sont présentes. Mais c'est aussi la diversité des effets comiques de l'œuvre rabelaisienne qui l'a rendu représentative de l'esprit gaillard français ou *esprit gaulois*. En effet, le comique de Rabelais associe des effets de grossissement de la réalité, le grotesque, la farce carnavalesque et une fantastique capacité d'invention verbale.

1494 Naissance à La Devinière, pas loin de Chinon, d'un père gros propriétaire terrien.

1521-1527 Rabelais est moine cordelier, puis bénédictin.

1528-1530 Études à Bordeaux, Toulouse, Orléans, Paris, puis médecine à Montpellier.

1532 Publication à Lyon, sous le pseudonyme de « maistre Alcofribas Nasier » (anagramme de François Rabelais), de *Pantagruel*. Grand succès.

1534 Publication de *Gargantua*.

1543 Censure de *Pantagruel* et de *Gargantua* par le Parlement de Paris.

1546 Publication du *Tiers Livre* des aventures de Pantagruel.

1552 Publication du *Quart Livre* des aventures de Pantagruel, immédiatement censuré par les théologiens de la Sorbonne.

1553-1554 ? Mort de François Rabelais dans des circonstances inconnues.

À SIGNALER

La pensée de Rabelais se distingue par un appétit extraordinaire. Appétit au sens propre tout d'abord, la nourriture et les plaisirs épicuriens de la table et de l'amour donnent lieu à plusieurs formidables descriptions. De nos jours, « gargantuesque » et « pantagruélique » sont employés pour qualifier une nourriture très abondante. Appétit de savoir d'autre part : Rabelais est tout à fait représentatif de cet humanisme encyclopédique du XVIe siècle qui voulait faire la somme des savoirs et des savoir-faire accumulés par les humains depuis l'Antiquité.

Rire ou pleurer ?

Gargantua ne sais plus que faire ni penser : sa femme, Badebec, vient de mourir en lui donnant un fils, Pantagruel. Vaut-il mieux rire ou pleurer de cette situation ?

« Pleurerais-je ? disait-il. Oui, car pourquoi ? Ma tant[1] bonne femme est morte, qui était la plus ceci, la plus cela qui fût au monde. Jamais je ne la verrai, jamais je n'en recouvrerai une telle : ce m'est une perte inestimable. O mon Dieu ! que t'avais-je fait pour ainsi me punir ? Que n'envoyas tu la mort à moi premier qu'à elle[2] ? car vivre sans elle ne m'est que languir. Ha ! Badebec, ma mignonne, m'amie, mon petit con[3] (toutefois, elle en avait bien trois arpents et deux sexterées[4]), ma tendrette, ma braguette, ma savate, ma pantoufle, jamais je ne te verrai. Ha ! pauvre Pantagruel, tu as perdu ta bonne mère, ta douce nourrice, ta dame très aimée ». [...]

Et, ce disant, pleurait comme une vache, mais tout soudain riait comme un veau, quand Pantagruel lui venait en mémoire. « Ho ! mon petit fils, disait-il, mon couillon, mon peton[5], que tu es joli ! et tant je suis tenu à Dieu de ce qu'il m'a donné un si beau fils, tant joyeux, tant riant, tant joli. Ho, ho, ho, ho ! que je suis aise[6] ! buvons. Ho ! laissons toute mélancolie ; apporte du meilleur, rince les verres, boute[7] la nappe, chasse ces chiens, souffle ce feu, allume la chandelle, ferme cette porte, taille ces soupes[8], envoie ces pauvres, baille-leur[9] ce qu'ils demandent, tiens ma robe que je me mette en pourpoint pour mieux festoyer les commères ». [...]

Pantagruel, illustré par Gustave Doré. Photo Hachette.

Ma femme est morte, eh bien, par Dieu (*da jurandi*[10]), je ne la ressusciterai pas par mes pleurs. Elle est bien ; elle est en paradis pour le moins, si mieux n'est. Elle prie Dieu pour nous ; elle est bien heureuse ; elle ne se soucie plus de nos misères et calamités. Autant nous en pend à l'œil. Dieu gard' le demeurant[11]. Il me faut penser d'en trouver une autre.

Pantagruel, ch. III (1532).

1. Si.
2. Pourquoi n'est-ce pas à moi plutôt qu'à elle que tu as envoyé la mort ?
3. Sexe de la femme (terme affectif à l'époque ; injure de nos jours).
4. Ancienne mesure de surface.
5. *Mon couillon* : mon petit testicule (terme affectif) ; *mon peton* : mon petit pied.
6. *Que je suis aise* : comme je suis content !
7. Mets la nappe !
8. *Taille ces soupes* : coupe des tranches de pain à mettre dans la soupe.
9. Donne-leur.
10. *Da jurandi* : permets-moi de jurer.
11. *Autant [...] le demeurant* : D'autres misères et calamités nous attendent. Dieu protège celui qui reste !

O B S E R V E Z

- Remarquez le jeu des oppositions : « pleurait comme une vache / riait comme un veau », « Ha ! Badebec, ma mignonne, m'amie [...] / Ho ! mon petit fils, mon couillon, mon peton », etc.
- Notez la symétrie de la révolte contre l'injustice de Dieu dans le premier paragraphe et la confiance en la bonté de ce même Dieu dans le troisième.
- Observez la présence du comique dans les accumulations, les énumérations et le caractère bouffon de la dernière phrase.

Joachim DU BELLAY 1522-1560

Le poète de la nostalgie

Atteint de surdité (comme Ronsard), de santé maladive, ses meilleurs poèmes sont chargés de tristesse. Parti en Italie avec un enthousiasme humaniste, il en revient déçu par la décadence de Rome et publie *Les Antiquités de Rome* et *Les Regrets* (1558), où s'exprime la nostalgie du pays natal où coule le Liré.

Heureux qui, comme Ulysse[1], a fait un beau voyage,
Ou comme cestui-là qui conquit la toison[2],
Et puis est retourné, plein d'usage[3] et raison,
Vivre entre ses parents le reste de son âge !

Quand reverrai-je, hélas ! de mon petit village
Fumer la cheminée, et en quelle saison
Reverrai-je le clos de ma pauvre maison,
Qui m'est une province[4], et beaucoup davantage ?

Plus me plaît le séjour qu'ont bâti mes aïeux
Que des palais romains le front audacieux[5] ;
Plus que le marbre dur me plaît l'ardoise fine[6],

Plus mon Loire gaulois que le Tibre latin,
Plus mon petit Liré que le mont Palatin,
Et plus que l'air marin la douceur angevine[7].

Les Regrets, XXXI (1588).

OBSERVEZ

- Le poète évoque les grands voyageurs mythologiques (Ulysse, Jason) qui, comme lui, ont connu la nostalgie, ce « chagrin du retour ». Il s'en différencie pourtant et laisse percer son angoisse de ne jamais pouvoir revenir.
- Le lyrisme du poème est souligné par l'emploi des phrases exclamative (strophe 1), interrogative (strophe 2, où pointe l'angoisse), et de l'interjection : « hélas ! » (vers 5).
- Le poète use de la comparaison (« plus me plaît [...] que ») et des oppositions entre la dureté du pays de séjour (l'Italie) et la tendresse du pays d'origine (« la douceur angevine », chute du poème) : « palais romains » / « séjour » ; « marbre dur » / « ardoise » ; « Tibre » / « Loire » ; « romain » / « gaulois » ; « mont » / « petit ».

---

1. *Heureux qui, comme Ulysse* : comme il est heureux, celui qui, comme Ulysse.
2. *Cestui-là* (= celui-là) *qui conquit la toison* : Jason a conquis, au terme de son voyage avec les Argonautes, la fameuse Toison d'or.
3. Expérience.
4. *Qui m'est une province* : qui vaut un royaume pour moi.
5. Vers 9-10 : Le séjour que mes aïeux ont bâti me plaît plus que le front audacieux des palais romains.
6. Vers 11 : L'ardoise fine (pierre tendre qui sert à couvrir les maisons, typique de sa région) me plaît plus que le marbre dur.
7. De l'Anjou (région de la ville d'Angers).

La Pléiade (1550)

Composée de Ronsard, Du Bellay, Jean-Antoine de Baïf, Peletier du Mans, Pontus de Tyard, Rémi Belleau, Étienne Jodelle, la Pléiade constitue un groupe de poètes opposés aux genres médiévaux. Ils s'efforcent de renouveler la littérature française par un retour aux sources antiques.

Pierre de RONSARD 1524-1585

Le poète des amours

Il a écrit des poèmes longs et savants, mais c'est par ses sonnets à Cassandre, Hélène, Marie qu'il s'est rendu célèbre. La simplicité du ton a été appréciée de la cour (il a été poète officiel). Il a été oublié pendant trois siècles, remis à la mode au XIXe siècle. Sa sincérité, la simplicité campagnarde de certains textes, la grâce avec laquelle il s'exprime, le font de nouveau aimer aujourd'hui.

Mignonne, allons voir si la rose
Qui ce matin avait déclose[1]
Sa robe de pourpre au soleil,
A point perdu cette vesprée[2]
Les plis de sa robe pourprée,
Et son teint au vôtre pareil[3].

Las[4] ! voyez comme en peu d'espace,
Mignonne, elle a, dessus la place
Las ! las ses beautés laissé choir[5] !
Ô vraiment marâtre Nature[6],
Puisqu'une telle fleur ne dure
Que du matin jusques au soir !

Donc, si vous me croyez, mignonne,
Tandis que votre âge fleuronne
En sa plus verte nouveauté,
Cueillez, cueillez votre jeunesse :
Comme à cette fleur, la vieillesse
Fera ternir votre beauté.

Odes, I, 17 (1550).

OBSERVEZ

- Tout le raisonnement du poème repose sur une comparaison entre la femme (« mignonne ») et la rose (cf. « fleuronne », « cueillez, cueillez » dans la troisième strophe). Le poète invite la femme à méditer sur l'exemple de la rose.
- Remarquez les indicateurs de temps (« ce matin », « cette vesprée », « en peu d'espace », « dessus la place »), qui insistent sur la brièveté de la vie. Voyez également avec quelle rapidité l'on passe dans la troisième strophe de la « verte nouveauté » à la « vieillesse ».
- La leçon du poète invite la femme, après avoir constaté amèrement les ravages du temps qui passe (« las ! »), à « cueillir sa jeunesse » (*carpe diem*, en latin). Cette maxime de prudence paraît directement inspirée de l'épicurisme.

1. *Avait déclose* : avait déployé.
2. *Cette vesprée* : ce soir.
3. *Vers 6* : Et son teint pareil au vôtre.
4. *Las !* : hélas !
5. *Vers 9* : voyez comme elle a en peu de temps laissé tomber ses beautés !
6. *Vers 10* : quelle mauvaise mère tu fais, Nature !

Dans sa *Défense et illustration de la langue française* (1549), Du Bellay invite à un enrichissement de la langue par la création de mots nouveaux, formés à partir des racines grecques et latines.

Du point de vue littéraire, la Pléiade veut enrichir la littérature française d'œuvres majeures dans les trois grands genres classiques (épopée, tragédie, comédie), conformément au programme défini par Peletier du Mans dans son *Art poétique* (1555). Il ne s'agit pas simplement de traduire les auteurs anciens mais de les imiter. Ronsard échoue dans l'épopée avec sa *Franciade* (1572-1574) ; Jodelle, en revanche, donne à la scène française deux œuvres importantes : une tragédie, *Cléopâtre*, et une comédie, *Eugène*, (1552).

Le classicisme est en marche...

9 Michel de MONTAIGNE 1533-1592

En se peignant, il peint la nature humaine

Montaigne s'interroge sur l'homme. La lecture des anciens, l'analyse de la société et l'observation qu'il fait de lui-même l'amènent à une description sans gêne et sans complaisance de la nature humaine. « J'ai mis tous mes efforts à former ma vie voilà mon métier et mon ouvrage ». Montaigne se méfie des affirmations trop pleines de certitudes. Sa devise était « Que sais-je ? ». Son livre porte le titre modeste d'*Essais* (expériences). Il enquête sur l'homme ordinaire, non pas sur le héros ou sur le saint. Si dans le premier livre la lecture des anciens et les réflexions qu'elles lui inspirent sont très présentes, le troisième livre exprime une sagesse qui propose un art de vivre fait de modération, d'équilibre, d'harmonie avec le monde. Cette enquête sur l'homme résiste au temps d'autant plus qu'elle s'exprime dans une langue forte, simple, concrète, pleine d'images.

1533 Michel Eyquem naît au château de Montaigne près de Bordeaux. Son père est un riche négociant anobli, qui sera maire de la ville en 1554.

1554-1570 Siège au parlement de Bordeaux. Deux voyages à Paris.

1572-1580 Se retire dans son château pour lire et écrire *Les Essais*, première édition (1580).

1580-1581 Voyage en France, Allemagne, Italie pour se soigner aux eaux minérales. Il apprend qu'on l'a élu maire de Bordeaux.

1583-1585 Réélu maire, il reçoit Henri de Navarre (futur Henri IV) ; il mène des actions diplomatiques pendant les guerres de religion.

1586-1592 Parution d'une nouvelle édition des *Essais* avec un troisième livre (1588). Corrige et retravaille *Les Essais* jusqu'à sa mort. Édition posthume en 1595 par une amie, Mlle de Gournay.

À SIGNALER

Montaigne est un humaniste. Il a lu, médité, retenu les ouvrages des moralistes de l'antiquité. *Les Essais* sont semés de citations latines souvent citées de mémoire. Sur les poutres de sa bibliothèque, Montaigne en avait fait reproduire plusieurs.

Savoir jouir loyalement de son être

La grandeur de l'âme n'est pas tant tirer à mont[1] et tirer avant comme savoir se ranger et circonscrire. Elle tient pour grand tout ce qui est assez, et montre sa hauteur à aimer mieux les choses moyennes que les éminentes[2].

L'autobiographie

La démarche de Montaigne, qui consiste à s'observer comme étant un modèle de l'humaine condition, sera critiquée par Pascal, qui y voit une attitude trop personnelle, et appréciée par Voltaire. Jean-Jacques Rousseau, en exposant sa vie dans *Les Confessions*, Chateaubriand dans *Les Mémoires d'Outre-Tombe* et André Gide en ne cachant rien de lui-même dans son *Journal* poursuivent, avec des intentions différentes de celles de Montaigne, cette enquête sur l'homme.

Il n'est rien si beau et légitime que de faire bien l'homme et dûment[3], ni science si ardue que de bien et naturellement savoir vivre cette vie ; et de nos maladies la plus sauvage c'est mépriser notre être. Qui veut écarter son âme le fasse hardiment, s'il peut, lors que le corps se portera mal, pour la décharger de cette contagion ; ailleurs au contraire, qu'elle l'assiste et favorise et ne refuse point de participer à ses naturels plaisirs et de s'y complaire conjugalement, y apportant, si elle est plus sage, la modération, de peur que par indiscrétion[4] ils ne se confondent avec le déplaisir. [...]

J'ai un dictionnaire tout à part moi : je « passe » le temps, quand il est mauvais et incommode ; quand il est bon, je ne le veux pas « passer » je le retâte, je m'y tiens. Il faut courir le mauvais et se rasseoir[5] au bon. Cette phrase ordinaire de passe-temps et de passer le temps représente l'usage de ces prudentes gens, qui ne pensent point avoir meilleur compte de leur vie que de la couler et échapper, de la passer, gauchir[6] et, autant qu'il est en eux, ignorer et fuir, comme chose de qualité ennuyeuse et dédaignable. Mais je la connais autre, et la trouve et prisable[7] et commode, voire en son dernier décours[8] où je la tiens ; et nous l'a Nature mise en main[9], garnie de telles circonstances, et si favorables, que nous n'avons à nous plaindre qu'à nous si elle nous presse et si elle nous échappe inutilement.

Principalement à cette heure, que j'aperçois la mienne[10] si brève en temps, je la veux étendre en poids ; je veux arrêter la promptitude de sa fuite par la promptitude de ma saisie, et par la vigueur de l'usage compenser la hâtiveté[11] de son écoulement. À mesure que la possession du vivre est plus courte, il me la faut rendre plus profonde et plus pleine. [...]

La gentille inscription dequoi les Athéniens honorèrent la venue de Pompée en leur ville, se conforme à mon sens :

> *D'autant es tu Dieu comme*
> *Tu te recognois homme.*

C'est une absolue perfection, et comme divine, de savoir jouir loyalement de son être. Nous cherchons d'autres conditions, pour n'entendre[12] l'usage des nôtres, et sortons hors de nous, pour ne savoir quel il y fait[13].

Si, avons-nous beau[14] monter sur des échasses[15], car sur des échasses encore faut-il marcher de nos jambes. Et au plus élevé trône du monde, si ne sommes assis que sur notre cul[16].

Les plus belles vies sont, à mon gré, celles qui se rangent au modèle commun et humain, avec ordre, mais sans miracle et sans extravagance[17].

Les Essais, Livre III, chapitre XIII (1588).

---

1. *Tirer à mont* : vouloir s'élever. 2. Hautes. 3. Comme on le doit. 4. *Par indiscrétion* : Sans discrétion, avec excès. 5. S'arrêter. 6. Déformer. 7. Acceptable. 8. Même en sa fin (la vieillesse). 9. La nature nous a donné la vie. 10. Ma vie. 11. La rapidité. 12. *Pour n'entendre* : parce que nous ne comprenons pas. 13. *Quel y fait* : ce qui est en nous. 14. *Nous avons beau* : il est inutile. 15. Morceaux de bois munis d'un endroit pour poser le pied, utilisés par les bergers. 16. Même sur le trône le plus élevé, nous sommes assis. 17. Excès.

OBSERVEZ

- La sagesse est dans la modération. Montaigne fuit les extrêmes et refuse l'idée de chercher à s'élever. Le modèle commun est le plus beau.
- La voie à suivre est celle que nous montre la nature. L'art de vivre consiste à être en accord avec elle.

10 René DESCARTES
La construction méthodique de la philosophie

1596-1650

Descartes a écrit, avec *Le Discours de la méthode*, le premier livre de philosophie en français. Il entreprend de faire « table rase » de toutes ses connaissances.

La première étape est le doute. La deuxième consiste à reconstruire son savoir avec la seule pratique de la raison. Le point de départ de sa réflexion est « *Cogito ergo sum* » (« Je pense donc je suis ») [*Deuxième Méditation*], d'où il déduit sa théorie. Sur la séparation de l'âme et du corps, il fonde sa conception des animaux-machine (le corps) et de la liberté (l'âme).

C'est également avec un raisonnement qu'il démontre que Dieu existe : comme l'idée de Dieu ne peut « trouver sa cause en moi », « il faut nécessairement conclure [...] que Dieu existe. »

Par ailleurs, Descartes est le fondateur d'une théorie physique des passions (*Traité des passions de l'âme*). Les passions sont considérées comme l'effet mécanique des actions du corps sur l'âme. L'âme peut à son tour agir sur le corps en suscitant des passions contraires. La plus haute des passions est l'admiration. Descartes prend ainsi position dans un débat sur les valeurs héroïques (cf. Corneille) et sur le rapport de la fatalité de la passion (cf. Racine) qui parcourt le siècle.

1596 Né en Touraine, licencié en droit à Poitiers (1616), il devient officier de l'armée et est envoyé en Hollande.

1618 *Traité de musique*.

1619 Il a l'idée d'une méthode universelle pour la recherche de la vérité. Il voyage en Allemagne, Hollande, France, Suisse, Italie.

1626-1649 Il s'installe en Hollande pour réfléchir et écrire en toute liberté. Il publie *Le Discours de la méthode* (1637), préface à trois traités scientifiques, en français ; *Les Méditations métaphysiques* (1641) et *Les Principes de la philosophie* (1644), en latin. Sa philosophie attire éloges et critiques. Il entretient une correspondance importante.

1649-1650 Invité en Suède par la reine Christine, il écrit pour elle un *Traité des passions de l'âme* (1649) et a avec elle des entretiens philosophiques quotidiens. Leur horaire matinal et le froid accélèrent sa mort.

À SIGNALER

L'adjectif *cartésien* sert souvent à caractériser la démarche intellectuelle des Français. Il exprime une volonté de clarté due à un exposé méthodique et rationnel.

Philosophie classique

Descartes est le fondateur de la métaphysique classique. Il refuse l'argument d'autorité pour laisser place à la seule argumentation rationnelle. Il sera le modèle des philosophes du XVIIIe siècle : Montesquieu, Voltaire, Diderot, Rousseau.

Les règles du raisonnement

Au lieu de ce grand nombre de préceptes[1] dont la logique est composée, je crus que j'aurais assez des quatre suivants, pourvu que je prisse[2] une ferme et constante résolution de ne manquer pas une seule fois à les observer.

Le premier était de ne recevoir jamais aucune chose pour vraie que je la connusse évidemment être telle[3] ; c'est-à-dire d'éviter soigneusement la précipitation et la prévention[4], et de ne comprendre rien de plus en mes jugements que ce qui se présenterait si clairement et si distinctement à mon esprit que je n'eusse[5] aucune occasion de le mettre en doute.

Le second, de diviser chacune des difficultés que j'examinerais en autant de parcelles qu'il se pourrait et qu'il serait requis[6] pour les mieux résoudre.

Le troisième, de conduire par ordre mes pensées en commençant par les objets les plus simples et les plus aisés à connaître, pour monter peu à peu comme par degrés jusques à la connaissance des plus composés, et supposant même de l'ordre entre ceux qui ne se précèdent point naturellement les uns les autres.

Et le dernier, de faire partout des dénombrements si entiers et des revues si générales, que je fusse assuré de ne rien omettre[7].

Ces longues chaînes de raisons, toutes simples et faciles, dont les géomètres ont coutume de se servir pour parvenir à leurs plus difficiles démonstrations, m'avaient donné occasion de m'imaginer que toutes les choses qui peuvent tomber sous la connaissance des hommes s'entresuivent de même façon.

Discours de la méthode (1637).

1. Règles.
2. Prenne.
3. *Que je ... telle :* sans que je sache avec certitude si elle était vraie.
4. Idée préconçue.
5. *Que je n'eusse :* de sorte que je n'aie.
6. *Qu'il serait requis :* nécessaire.
7. *Que je ... omettre :* de sorte que je sois certain de ne rien oublier.

OBSERVEZ

- Descartes souhaite construire sa philosophie avec un petit nombre de principes. Le premier définit l'évidence de l'idée claire ; le deuxième, la décomposition et l'analyse ; le troisième, la déduction et la synthèse ; le dernier, la vérification.

- Descartes procède en philosophie comme un mathématicien (comparaison des chaînes de raison et des chaînes de géomètre). Son style, très précis, a, lui aussi, un côté scientifique.

11 Blaise PASCAL

Misère de l'homme sans Dieu

1623-1662

Mathématicien exceptionnel, auteur de pamphlets, homme de foi, Pascal est un « effrayant génie » selon le mot de Chateaubriand. Sa passion de convaincre lui a donné un style vigoureux, dense et mordant qui est considéré comme le chef-d'œuvre de la prose classique.

Dans les *Pensées* se trouvent exprimées des préoccupations fondamentales de l'humanité : réflexions sur l'art de persuader, sur la condition misérable de l'homme, sur les obstacles qui gênent l'homme dans sa recherche de la vérité, suivies de ce qui fait sa grandeur, la pensée et la foi en Dieu.

Grandeur et misère de l'homme : « S'il se vante, je l'abaisse ; s'il s'abaisse, je le vante ; et le contredis toujours, jusqu'à ce qu'il comprenne qu'il est un monstre incompréhensible. » (*Pensées*, n° 420).

À SIGNALER Les *Pensées* sont écrites sur des feuilles de dimensions diverses, réunies en liasses (paquets). On n'en connaît pas précisément l'ordre, et les éditions, qui proposent différents classements, sont multiples. On ne sait pas avec certitude quel aurait été le plan de l'ouvrage terminé.

1623 Naissance à Clermont-Ferrand. Sa mère meurt trois ans plus tard. À douze ans, Pascal retrouve seul les propositions mathématiques d'Euclide. À seize ans, il écrit *L'Essai sur les coniques*.

1639 Son père est nommé intendant pour l'impôt à Rouen. Pascal invente pour lui la première machine à calculer.

1646 Pascal se convertit au jansénisme, religion sévère dans laquelle l'Église voit une reprise du protestantisme. Sa sœur devient religieuse. Il poursuit ses expériences scientifiques *(Traité du vide)*. Malade (et ce, jusqu'à la fin de sa vie), il marche avec des béquilles.

1651-1654 Il mène une vie mondaine, partage son temps entre le jeu et l'amour.

1654 À la suite d'un accident et d'une extase mystique, il se retire à l'abbaye de Port-Royal et consacre sa vie à la religion.

1657 *Les Provinciales*, ouvrage polémique contre les Jésuites, publié anonymement, est condamné par le pape.

1658-1662 Découvertes mathématiques. Aggravation de son mal. Il prépare une Apologie du christianisme pour convaincre les incroyants. Ces notes paraîtront sous le titre qui l'a rendu célèbre : les *Pensées*. Il meurt à trente-neuf ans.

Grandeur et misère de l'homme

L'homme dans l'univers

Car enfin qu'est-ce que l'homme dans la nature ? Un néant à l'égard de l'infini, un tout à l'égard du néant, un milieu entre rien et tout. Infiniment éloigné de comprendre les extrêmes, la fin des choses[1] et leur principe[2] sont pour lui invinciblement cachés dans un secret impénétrable, également incapable[3] de voir le néant d'où il est tiré, et l'infini où il est englouti.

Que fera-t-il donc ? Sinon d'apercevoir [quelque] apparence du milieu des choses, dans un désespoir éternel de connaître ni leur principe ni leur fin ? Toutes choses sont sorties du néant et portées jusqu'à l'infini. Qui suivra ces étonnantes démarches ? L'auteur de ces merveilles les comprend. Tout autre ne le peut faire.

Pensées, n° 72 (1670, posthume), éd. Brunschvicg (1897-1904).

Le divertissement [4]

D'où vient que cet homme, qui a perdu depuis peu de mois son fils unique, et qui, accablé de procès et de querelles, était ce matin si troublé, n'y pense plus maintenant ? Ne vous en étonnez point : il est tout occupé à voir par où passera ce sanglier que ses chiens poursuivent avec tant d'ardeur depuis six heures. Il n'en faut pas davantage. L'homme, quelque plein de tristesse qu'il soit [5], si on peut gagner sur lui de le faire entrer en quelque divertissement, le voilà heureux pendant ce temps-là ; et l'homme, quelque heureux qu'il soit, s'il n'est diverti et occupé par quelque passion ou quelque amusement qui empêche l'ennui de se répandre, sera bientôt chagrin et malheureux. Sans divertissement il n'y a point de joie, avec le divertissement il n'y a point de tristesse.

Pensées, n° 139 *(ibid.)*.

Penser fait la grandeur de l'homme

L'homme n'est qu'un roseau, le plus faible de la nature ; mais c'est un roseau pensant. Il ne faut pas que l'univers entier s'arme pour l'écraser : une vapeur, une goutte d'eau, suffit pour le tuer. Mais quand l'univers l'écraserait, l'homme serait encore plus noble que ce qui le tue, puisqu'il sait qu'il meurt, et l'avantage que l'univers a sur lui ; l'univers n'en sait rien.
Toute notre dignité consiste donc en la pensée. C'est de là qu'il faut nous relever et non de l'espace et de la durée, que nous ne saurions remplir. Travaillons donc à bien penser : voilà le principe de la morale.

Pensées, n° 347 *(ibid.)*.

Roseau pensant

Ce n'est point de l'espace que je dois chercher ma dignité, mais c'est du règlement de ma pensée. Je n'aurai pas davantage en possédant des terres : par l'espace, l'univers me comprend et m'engloutit comme un point ; par la pensée, je le comprends.

Pensées, n° 348 *(ibid.)*.

---

1. *La fin des choses* : leur raison d'être. 2. Cause. 3. Qualifie l'homme. 4. À prendre au sens étymologique : « se détourner de ». 5. *Quelque plein de tristesse qu'il soit* : même s'il est très triste.

OBSERVEZ

- La misère de l'homme vient de sa position dans l'univers, de sa difficulté à connaître la vérité *(Pensée 72)*, aussi bien que de sa disposition d'esprit, qui le détourne de la réflexion sur sa condition *(Pensée 139)*.
- Pascal prend le lecteur à témoin. Il le questionne, le bouscule, le place en face de lui-même pour l'obliger à s'interroger.
- L'homme ne comprend ni le monde ni lui-même, mais « l'auteur de ces merveilles » (Dieu) le peut. L'homme doit donc s'en remettre à Dieu.

12 Pierre CORNEILLE

L'étoffe des héros

1606-1684

Corneille est un auteur enthousiaste. Son esthétique, c'est l'admiration. Sa morale, c'est l'héroïsme. Il aime les personnages qui se construisent en faisant des actions d'éclat, même si ce sont des crimes. Il rejette les médiocres et estime les âmes fières qui cherchent à donner une haute image d'elles-mêmes. L'amour, chez Corneille, naît de l'admiration provoquée par la grandeur du héros. Si l'être aimé n'est pas fidèle à son image, le sentiment qu'il inspire disparaît. Ce qu'on appelle une « situation cornélienne », c'est le moment où les exigences de l'honneur et de la gloire s'opposent aux désirs immédiats de l'amour. Il conduit toujours le personnage à la nécessité de se dépasser.

À SIGNALER

Molière a d'abord été très critique à l'égard des frères Corneille. Mais, fâché avec Racine, Molière se rapproche de Corneille, dont il joue certaines pièces, en particulier *Tite et Bérénice*. Ils écrivent ensemble *Psyché* (joué par Armande Molière). Quant à Racine, après avoir toute sa vie rivalisé avec Corneille, il prononce son éloge en recevant son frère Thomas à l'Académie française.

« À moi, comte, deux mots... »

Le roi a nommé Don Diègue, père de Rodrigue, gouverneur de son fils. Le comte Don Gormas, père de Chimène, la bien-aimée de Rodrigue, est jaloux. Il offense Don Diègue. Trop vieux pour se battre, ce dernier demande à son fils de le venger. Rodrigue provoque le comte en duel.

1606 Naissance à Rouen. Il a six frères et sœurs. Son frère Thomas est également auteur de théâtre à succès.

1628 Après des études de droit, il achète une charge d'avocat du roi. Il exerce ses fonctions jusqu'en 1650.

1629-1636 Succès de *Mélite*, suivie de cinq autres comédies, dont *L'Illusion comique* (1636).

1637 Le succès du *Cid* est suivi d'une vive querelle entretenue par l'Académie française récemment créée : accusation de plagiat et de non-respect des règles dramatiques.

1640-1645 L'époque des chefs-d'œuvre, les tragédies célèbres : *Horace* (1641), *Cinna* (1642), *Polyeucte* (1643), *Rodogune* (1645) et une comédie, *Le Menteur* (1643).

1653 Après un échec, il renonce pour un temps au théâtre et publie *L'Imitation de Jésus-Christ*. *Timocrate* de Thomas Corneille : l'un des plus grands succès du siècle (1656). Père de sept enfants, il connaît des soucis d'argent, mais reçoit une pension de Fouquet, intendant des Finances.

1663 Parution de son « Théâtre complet », comprenant les *Trois Discours sur le poème dramatique* (1660). C'est une consécration.

1666-1667 Deux échecs, ainsi commentés par Boileau : « Après *Agesilas* hélas !, mais après *Attila* hola ! ». 1670 : le vieux Corneille et le jeune Racine écrivent chacun une pièce sur Bérénice. La bataille des *Bérénice* tourne à l'avantage de Racine. Succès de *Suréna* (1674), sa dernière tragédie.

1684 Il meurt. Son frère lui succède à l'Académie française.

DON RODRIGUE
À moi, comte, deux mots.

LE COMTE
Parle.

DON RODRIGUE
Ôte-moi d'un doute.
Connais-tu bien don Diègue ?

LE COMTE
Oui.

DON RODRIGUE
Parlons bas ; écoute.
Sais-tu que ce vieillard fut la même vertu,
La vaillance et l'honneur de son temps ?
[Le sais-tu ?

LE COMTE
Peut-être.

DON RODRIGUE
Cette ardeur que dans les yeux je porte,
Sais-tu que c'est son sang ? Le sais-tu ?

LE COMTE
Que m'importe ?

DON RODRIGUE
À quatre pas d'ici je te le fais savoir.

LE COMTE
Jeune présomptueux[1] !

DON RODRIGUE
Parle sans t'émouvoir.
Je suis jeune, il est vrai ; mais aux âmes
[bien nées
La valeur n'attend point le nombre des
[années.

LE COMTE
Te mesurer à moi ! Qui t'a rendu si vain[2],
Toi qu'un[3] n'a jamais vu les armes à la
[main !

DON RODRIGUE
Mes pareils à deux fois ne se font point
[connaître,
Et pour leurs coups d'essai veulent des
[coups de maître.

LE COMTE
Sais-tu bien qui je suis ?

DON RODRIGUE
Oui ; tout autre que moi
Au seul bruit de ton nom pourrait trembler
[d'effroi, [...]
À qui venge son père il n'est rien
[d'impossible.
Ton bras est invaincu, mais non pas
[invincible.

LE COMTE
Ne cherche point à faire un coup d'essai
[fatal,
Dispense ma valeur d'un combat inégal,
Trop peu d'honneur pour moi suivrait cette
[victoire,
À vaincre sans péril, on triomphe sans
[gloire, [...]

Le Cid, II, 2 (1637).

1. Prétentieux, orgueilleux. 2. Vaniteux. 3. *Qu'un :* que personne.

OBSERVEZ

- Rodrigue, le fils, et Don Diègue, le père, pensent et agissent en héros. Rodrigue défend sa famille, son clan ; il est « bien né ». le comte, lui aussi, est noble (« Sais-tu qui je suis ? »). La scène oppose deux personnages attachés à leur gloire.

- Rodrigue est jeune, plein de fougue ; il ne craint pas la mort, il croit en sa valeur. L'échange de paroles est déjà un duel. Il provoque le père de sa bien-aimée et exprime, dans la scène suivante, le conflit entre son honneur et son amour. Il sortira vainqueur du duel, mais souffrira dans ses amours.

13 — Jean de LA FONTAINE

1621-1658

Des fables où se joue la comédie humaine et animale

La Fontaine a beaucoup écrit (poésie dramatique, satirique, religieuse, galante…), mais ce sont ses *Fables* qui sont restées célèbres. Il s'est inspiré des auteurs de fables de l'Antiquité, Ésope et Phèdre. Pourtant, à la différence de ces derniers qui étaient surtout préoccupés de morale, La Fontaine est vif et ironique. Son génie est dans son talent de conteur et sa capacité à animer de courts dialogues. Il propose une vision satirique de la société sous une description amusée du comportement des animaux. Dans les douze livres des *Fables*, les héros sont des animaux, mais ce sont les hommes qui sont décrits. Il s'agit d'« une ample comédie à cent actes divers / et dont la scène est l'Univers » (*Fables* V, 1).

1621 Naissance à Château-Thierry en Champagne. Son père est maître des Eaux et Forêts. À trente ans, Jean obtient cette charge comme son père et son grand-père.

1658 Il croit d'abord à une vocation religieuse (1641), puis se marie (1647), et multiplie les aventures galantes (amoureuses). Parution de son premier long poème, *Adonis*. Il devient un protégé du grand financier de Louis XIV, Fouquet. Il écrit pour lui *Le Songe de Vaux*, resté inachevé car Fouquet est arrêté en 1661. Il écrira au roi pour sa libération.

1665-1667 *Contes et Nouvelles* en vers, d'inspiration galante.

1668-1679 Premier livre des *Fables*. Grand succès. *Les Amours de Psyché et Cupidon* (1669) est présenté au roi. *Contes et Fables nouvelles* (1671). *Fables*, second recueil (1678). Reçu à l'Académie française.

1692 Malade, il renie ses *Contes* à la suite de l'influence religieuse exercée sur lui par Madame de la Sablière, sa protectrice.

1695 Il meurt dix mois après avoir publié le dernier livre des *Fables* (Livre XII).

À SIGNALER

- La Fontaine a proposé au musicien Lulli un livret d'opéra, *Daphné*. Lulli a refusé. La Fontaine s'est vengé dans son poème « Le Florentin ». Vexé, il condamne même le genre de l'opéra dans un texte.
- Les *Fables* ont été illustrées par de nombreux dessinateurs. Au XXᵉ siècle, Jean Anouilh a écrit un pastiche des *Fables* en les adaptant au monde moderne.
- Aujourd'hui connu comme un auteur pour enfants, La Fontaine a aussi une inspiration grivoise et légère dans ses contes.

La Cigale et la Fourmi, gravure de Grandville, 1838. Photo Hachette.

La Cigale et la Fourmi

La cigale, ayant chanté
    Tout l'été,
Se trouva fort dépourvue
Quand la bise[1] fut venue :
Pas un seul petit morceau
De mouche ou de vermisseau[2].
Elle alla crier famine
Chez la fourmi, sa voisine,
La priant de lui prêter
Quelque grain[3] pour subsister
Jusqu'à la saison nouvelle.
« Je vous paierai, lui dit-elle,
Avant l'août[4], foi d'animal
Intérêt et principal[5]. »
La fourmi n'est pas prêteuse :
C'est là son moindre défaut[6].
« – Que faisiez-vous au temps chaud ?,
Dit-elle à cette emprunteuse.
– Nuit et jour à tout venant
Je chantais, ne vous déplaise.
– Vous chantiez, j'en suis fort aise[7] !
Eh bien, dansez maintenant[8]. »

Fables (1668).

1. Vent froid du nord.
2. Petit ver.
3. Au moins un grain.
4. Mois d'août, période de la moisson.
5. Montant d'une somme prêtée (par opposition aux intérêts).
6. *C'est là son moindre défaut :* Elle est tout sauf prêteuse.
7. *J'en suis fort aise :* j'en suis bien contente.
8. Vers ironique, il faut comprendre : « Allez voir ailleurs ».

Le Corbeau et le Renard

Maître Corbeau, sur un arbre perché,
    Tenait en son bec un fromage.
Maître Renard, par l'odeur alléché,
    Lui tint à peu près ce langage :
« Hé ! bonjour, monsieur du corbeau.
Que vous êtes joli ! que vous me semblez beau.
    Sans mentir, si votre ramage[1]
    Se rapporte à votre plumage,
Vous êtes le phénix[2] des hôtes de ces bois. »
À ces mots le corbeau ne se sent pas de joie ;
    Et, pour montrer sa belle voix,
Il ouvre un large bec, laisse tomber sa proie[3].
Le Renard s'en saisit, et dit : « Mon bon Monsieur,
    Apprenez que tout flatteur
    Vit aux dépens de celui qui l'écoute.
Cette leçon vaut bien un fromage, sans doute ».
    Le corbeau, honteux et confus,
Jura, mais un peu tard, qu'on ne l'y prendrait plus.

1. Chant des oiseaux.
2. Oiseau de la mythologie (le plus beau).
3. Objet attrapé, volé.

OBSERVEZ

Dans les deux fables, une conversation s'engage, en partie racontée, en partie jouée.

La Cigale et la Fourmi

- La morale n'est pas exprimée, mais elle existe et invite à la prévoyance.
- Les deux animaux montrent deux catégories de personnes : la cigale représente les insouciants, mais aussi les bohèmes, les artistes ; la fourmi représente les travailleurs, les économes, mais aussi les bourgeois peu charitables.
- Un seul vers (le 2e) n'a pas la même mesure que les autres ; il met en relief le fait que la cigale n'a absolument pas travaillé pendant « tout l'été ». C'est la cause de son malheur.

Le Corbeau et le Renard

- C'est une critique de ceux qui sont sensibles aux compliments. Flattés dans leur orgueil, ils ne sont plus raisonnables et perdent ce qu'ils ont du mal à obtenir (ici le fromage).
- C'est le rusé, le profiteur, qui donne la morale de la fable.

14 MOLIÈRE

1622-1673

Le génie du théâtre comique et satirique

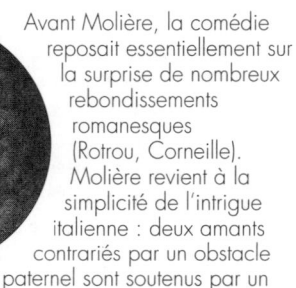

Avant Molière, la comédie reposait essentiellement sur la surprise de nombreux rebondissements romanesques (Rotrou, Corneille). Molière revient à la simplicité de l'intrigue italienne : deux amants contrariés par un obstacle paternel sont soutenus par un domestique habile. Molière enrichit ce schéma par la peinture de caractères forts, aveuglés par une obsession spécifique (l'argent, la maladie, l'apparence, la dévotion, la science ...) qui détruit leur entourage. Le rire est au service d'un combat pour le respect du bon sens.

La force de Molière est d'être un authentique homme de théâtre. Acteur, il a imposé une diction fondée sur le naturel. Directeur de troupe, il utilise tous les jeux de scène pour faire réagir le public.

Le génie de Molière est d'avoir su peindre les vices de son temps en leur donnant une portée universelle. Aujourd'hui encore son écriture vive, son rythme scénique, ses convictions et ses combats emportent l'adhésion du public.

Tartuffe, édition de 1673.
Cliché Hachette / Photo B.N.

1622 Naissance à Paris de Jean-Baptiste Poquelin, dont le père est tapissier du roi.

1643 Il prend le nom de Molière et fonde avec l'actrice Madeleine Béjart la troupe de « l'Illustre théâtre ». Difficultés financières. Il est plusieurs fois emprisonné pour dettes.

1645-1657 La troupe joue en province, dans le Sud-Ouest de la France. Il acquiert l'expérience d'acteur et de directeur de troupe. Molière obtient la protection de Monsieur, frère du roi (1658) et fait sa rentrée à Paris. Il joue *Nicomède* de Corneille et une farce écrite par lui devant le roi. Succès de la farce.

1659-1662 *Les Précieuses ridicules* (1659), *L'École des maris* (1661).

1662-1669 Les conflits et les chefs-d'œuvre. *L'École des femmes* (1662) entraîne une bataille. Sont contre Molière : les précieuses, les nobles, l'Église, les auteurs ; est pour Molière : le roi, qui est parrain de son premier enfant. Le premier *Tartuffe* (1664) est interdit au grand public. *Don Juan* (1665), interdit ; *Le Misanthrope* (1666), *George Dandin* (1668), *L'Avare* (1668) et triomphe de *Tartuffe* (1669).

1670-1673 *Les Fourberies de Scapin* (1671), *Les Femmes savantes* (1672) et des divertissements royaux écrits en collaboration avec Lulli qui devient alors le favori du roi : *Le Bourgeois gentilhomme* (1670), *Le Malade imaginaire* (1673) ; pris d'un malaise sur scène en jouant la pièce, Molière meurt dans la nuit.

À SIGNALER

Molière crée en 1643 « l'Illustre théâtre » avec Madeleine Béjart. Il épouse en 1662 Armande Béjart, sœur (selon les rares documents existants) ou fille de Madeleine (certains soupçonnent Molière d'en être le père ; il en est en tout cas le tuteur). Molière a bien connu le problème de la jalousie souvent traitée dans son théâtre.

« Et Tartuffe ? »

Orgon, un bon bourgeois de Paris, est fasciné par la personnalité de Tartuffe, un faux religieux à qui il veut marier sa fille. De retour de voyage, il demande des nouvelles de sa famille à sa servante Dorine et à son beau-frère et n'a d'intérêt que pour Tartuffe qu'il a accueilli chez lui.

ORGON
Dorine... Mon beau-frère, attendez, je [vous prie :
Vous voulez bien souffrir, pour m'ôter de [souci,
Que je m'informe un peu des nouvelles [d'ici.
Tout s'est-il, ces deux jours, passé de [bonne sorte ?
Qu'est-ce qu'on fait céans[1] ? Comme[2] [est-ce qu'on s'y porte ?

DORINE
Madame eut avant-hier la fièvre jusqu'au [soir,
Avec un mal de tête étrange à concevoir.

ORGON
Et Tartuffe ?

DORINE
Tartuffe ? Il se porte à merveille.
Gros et gras, le teint frais, et la bouche [vermeille[3].

ORGON
Le pauvre homme !

DORINE
Le soir, elle eut un grand dégoût,
Et ne put au souper toucher à rien du tout,
Tant sa douleur de tête était encor cruelle !

ORGON
Et Tartuffe ?

DORINE
Il soupa, lui tout seul, devant elle,
Et fort dévotement[4] il mangea deux [perdrix,
Avec une moitié de gigot en hachis.

ORGON
Le pauvre homme ! [...]

DORINE
À la fin, par nos raisons gagnée,
Elle se résolut à souffrir la saignée[5],
Et le soulagement suivit tout aussitôt.

ORGON
Et Tartuffe ?

DORINE
Il reprit courage comme il faut,
Et contre tous les maux fortifiant son [âme,
Pour réparer le sang qu'avait perdu [Madame,
But à son déjeuner quatre grands coups [de vin.

ORGON
Le pauvre homme !

DORINE
Tous deux se portent bien enfin !
Et je vais à Madame annoncer par avance
La part que vous prenez à sa [convalescence[6].

Le Tartuffe, I, 4 (1669).

---

1. Ici. 2. Comment. 3. Bien rouge 4. Religieusement 5. Traitement qui consiste à enlever du sang au malade. 6. Rétablissement après une maladie.

OBSERVEZ

- L'aveuglement d'Orgon, fasciné par Tartuffe, l'empêche de s'intéresser à la maladie de sa femme. Dorine, l'astucieuse servante, s'en rend très bien compte.
- Tartuffe mange et boit sans retenue. Il ne pratique pas l'austérité des vrais religieux.
- La répétition « Et Tartuffe ? / « le pauvre homme », digne du style de la farce, provoque un effet comique dans une pièce dont la portée est sérieuse.

15 Jean RACINE
Le maître de la tragédie classique

1639-1699

Les deux grands auteurs de tragédie du théâtre français sont Corneille et Racine. Tous deux choisissent dans l'histoire et la mythologie antiques des sujets graves organisés autour de conflits intérieurs. Mais leur conception de la tragédie est complètement différente. Corneille montre des héros qui décident de leur destin. Racine, disciple des jansénistes, voit l'homme soumis à ses passions, écrasé par la fatalité, pris dans ses désirs amoureux comme dans un piège. La langue de Racine est remarquable par sa simplicité, sa concision et sa musicalité.

1642 Orphelin à trois ans, il est élevé par sa grand-mère. Études dans les écoles de Port-Royal, foyer du jansénisme.

1661-1664 Cherche à Uzès une place de prêtre. Il écrit pour le théâtre, activité considérée comme scandaleuse par l'Église. Jouées par Molière, ses premières pièces sont des échecs. Rupture entre les deux auteurs.

1667-1670 Triomphe d'*Andromaque*. Après sa seule comédie, *Les Plaideurs*, (dirigée contre Molière), et l'échec de *Britannicus*, sa *Bérénice* est plus applaudie que le *Tite et Bérénice* de Corneille.

1667 Après son entrée à l'Académie française (1673) et le triomphe de *Phèdre*, il abandonne le théâtre et devient historiographe du roi.

1680 Abjure (renie) son théâtre, se réconcilie avec Port-Royal. Écrit deux pièces d'inspiration religieuse, *Esther* et *Athalie*, à la demande de Madame de Maintenon, puis il écrit des *Cantiques spirituels*.

1699 Il meurt en ayant condamné une dernière fois son activité d'homme de théâtre. Il aurait même brûlé une pièce inédite, *Alceste*.

À SIGNALER

- Racine établissait des plans en prose de ses pièces avant de les mettre en vers (on a ainsi conservé le plan d'une *Iphigénie en Tauride*, pièce restée inachevée), ce qui explique la phrase restée célèbre : « Ma pièce est finie, je n'ai plus qu'à l'écrire. »
- La querelle qui opposa Racine à Molière n'avait pas que des motifs esthétiques. En demandant à l'actrice Du Parc de venir jouer ses pièces, il a volé à Molière une excellente comédienne mais aussi une maîtresse.

Britannicus

Néron fait enlever Junie (promise à son frère Britannicus) parce qu'il la considère comme une menace pour son trône. Il a voulu la capturer, mais c'est elle qui le captive. Il raconte la scène de son enlèvement à son confident Narcisse.

NÉRON

Narcisse, c'en est fait, Néron est amoureux.

NARCISSE

Vous ?

Le classicisme

La rigueur du classicisme s'oppose au baroque (en plein essor au XVIIe dans le reste de l'Europe) et au romantisme (XIXe siècle). Le classicisme, représenté par Corneille, Racine, Molière, veut parvenir à la véracité de la représentation théâtrale par le respect des règles : la bienséance, la nécessité, la vraisemblance, les trois unités (« Qu'en un lieu, en un jour, un seul fait accompli / Tienne jusqu'à la fin le théâtre rempli. » Boileau)

NÉRON

Depuis un moment, mais pour toute ma vie.
J'aime (que dis-je aimer ?) j'idolâtre[1] Junie.

NARCISSE

Vous l'aimez ?

NÉRON

Excité d'un désir curieux,
Cette nuit, je l'ai vue arriver en ces lieux,
Triste[2], levant au ciel ses yeux mouillés de
[larmes,
Qui brillaient au travers des flambeaux et des
[armes :
Belle[2], sans ornements, dans le simple appareil[3]
D'une beauté qu'on vient d'arracher au
[sommeil.
Que veux-tu ? Je ne sais si cette négligence,
Les ombres, les flambeaux, les cris et le silence,
Et le farouche aspect de ses fiers ravisseurs
Relevaient de ses yeux les timides douceurs.
Quoi qu'il en soit, ravi[4] d'une si belle vue,
J'ai voulu lui parler, et ma voix s'est perdue :
Immobile[4], saisi d'un long étonnement,
Je l'ai laissé passer dans mon appartement.
J'ai passé dans le mien. C'est là que solitaire[4],
De son image en vain j'ai voulu me distraire :
Trop présente[2] à mes yeux, je croyais lui parler.
J'aimais jusqu'à ses pleurs que je faisais couler.
Quelquefois, mais trop tard, je lui demandais
[grâce ;
J'employais les soupirs, et même la menace.
Voilà comme occupé[4] de mon nouvel amour
Mes yeux sans se fermer ont attendu le jour.
Mais je m'en fais peut-être une trop belle image ;
Elle m'est apparue[2] avec trop d'avantage :
Narcisse, qu'en dis-tu ?

Britannicus, II, 2 (1669).

1. Considérer comme un dieu.
2. Ces adjectifs renvoient à Junie (« je l'ai vue »).
3. Vêtement.
4. Ces adjectifs renvoient à Néron.

Acte V, scène VI, illustré par Gravelot.
Photo Hachette.

OBSERVEZ

- L'amour s'est emparé de Néron (« C'en est fait », « pour toute ma vie »). Sa volonté n'y peut rien. La passion est fatale.

- Néron est présenté comme un sadique. Racine lui donne les traits d'un voyeur (« excité d'un désir curieux », « dans le simple appareil d'une beauté qu'on vient d'arracher au sommeil »...). Junie est son fantasme (« j'idolâtre Junie », « de son image en vain j'ai voulu me distraire »...).

- La musicalité des vers correspond aux situations évoquées : contemplation admirative (« Triste », « Belle »), montée de la violence (« Les ombres, les flambeaux »...), suivies d'une répétition en « f » (« farouche », « fier »). Le contraste entre la victime innocente (« les timides douceurs ») et la brutalité de ceux qui l'enlèvent (« farouche aspect ») s'entend dans les sonorités et les rythmes choisis.

16 MARIVAUX

Au théâtre, les jeux délicieux et cruels de la naissance de l'amour

	1688-1763

Marivaux a écrit des comédies encore jouées aujourd'hui. Son sujet favori est la conquête du cœur par l'amour. La naissance de l'amour est contrariée, non pas par un obstacle extérieur comme chez Molière, ni par une fatalité insurmontable comme chez Racine, mais par le refus, de la part du personnage, de se reconnaître amoureux. Son partenaire le pousse à avouer sa passion naissante. Les relations ainsi créées portent le nom de « marivaudage ». Il s'agit d'une sorte de jeu parfois délicieux, parfois cruel qui se termine toujours par le triomphe de l'amour. La subtilité de sa peinture de l'âme féminine s'appuie sur la richesse de la langue et l'importance du jeu des acteurs (trouble, hésitation, désir). Marivaux est un auteur de théâtre original, qui réunit vérité psychologique (il analyse très finement le refoulement du désir amoureux), critique sociale (il renverse les rôles entre maîtres et valets) et fantaisie (il utilise toutes les ressources du travestissement).

1688 Naissance de Pierre Carlet de Chamblain de Marivaux.

1720 Il est ruiné par la banqueroute de Law. Devient avocat au parlement de Paris (1721).

1722-1730 Il se lance dans une carrière de journaliste et d'auteur dramatique. Il écrira 27 comédies, dont plusieurs en un acte. *La Double Inconstance* (1723), *La Fausse Suivante* (1724), *L'Île des esclaves* (1725), *Le Jeu de l'amour et du hasard* (1730).

1731-1744 Il est à la fois romancier et auteur de théâtre. Romans : *La Vie de Marianne* (onze parties, de 1731 à 1741), *Le Paysan parvenu* (1735). Théâtre : *Le Triomphe de l'amour* (1732), *Les Fausses Confidences* (1737), *L'Épreuve* (1740)... Élu à l'Académie Française contre Voltaire (1742).

1763 Il meurt presque oublié.

À SIGNALER

À son époque, les pièces de Marivaux étaient jouées non pas par la Comédie Française, mais par le Théâtre italien, plus marginal, plus impertinent dans l'école de la *commedia dell'arte*. Marivaux écrivait ses rôles pour des interprètes précis, en particulier pour Silvia.

Les Fausses Confidences

Dorante est pauvre. Il entre au service d'Araminte, une riche veuve qu'il réussit à séduire. La stratégie amoureuse des deux personnages consiste à forcer l'autre à dire sa passion. Dorante avoue que son cœur est pris mais refuse de dire par qui.

ARAMINTE : [...] Voyez-vous souvent la personne que vous aimez ?

DORANTE, *toujours abattu* : Pas souvent à mon gré, Madame ; et je la verrais à tout instant, que je ne croirais pas la voir assez. [...]

ARAMINTE : Je ne vous interroge que par étonnement. Elle ignore que vous l'aimez, dites-vous, et vous lui sacrifiez votre fortune ? Voilà de l'incroyable. Comment, avec tant d'amour, avez-vous pu vous taire ? On essaye de se faire aimer, ce me semble ; cela est naturel et pardonnable.

DORANTE : Me préserve le ciel d'oser concevoir la plus légère espérance ! Être aimé, moi ! Non, Madame ; son état est bien au-dessus du mien ; mon respect me condamne au silence, et je mourrai du moins sans avoir eu le malheur de lui déplaire.

ARAMINTE : Je n'imagine point de femme qui mérite d'inspirer une passion si étonnante ; je n'en imagine point. Elle est donc au-dessus de toute comparaison ?

DORANTE : Dispensez-moi de la louer, Madame ; je m'égarerais en la peignant. On ne connaît rien de si beau ni de si aimable qu'elle, et jamais elle ne me parle ou ne me regarde que mon amour n'en augmente.

ARAMINTE, *baisse les yeux et continue :* Mais votre conduite blesse la raison. Que prétendez-vous, avec cet amour pour une personne qui ne saura jamais que vous l'aimez ? Cela est bien bizarre. Que prétendez-vous ?

DORANTE : Le plaisir de la voir quelquefois, et d'être avec elle, est tout ce que je me propose.

ARAMINTE : Avec elle ! Oubliez-vous que vous êtes ici ?

DORANTE : Je veux dire avec son portrait, quand je ne la vois point. [...]

ARAMINTE, *à part :* Il faut le pousser à bout. *(Haut.)* Montrez-moi ce portrait.

DORANTE : Daignez m'en dispenser, Madame ; quoique[1] mon amour soit sans espérance, je n'en dois pas moins[2] un secret inviolable à l'objet aimé.

ARAMINTE : Il m'en est tombé un par hasard entre les mains ; on l'a trouvé ici. *(Montrant la boîte.)* Voyez si ce ne serait point celui dont il s'agit[3].

DORANTE : Ah ! Madame, songez que j'aurais perdu mille fois la vie avant d'avouer ce que le hasard vous découvre. Comment pourrai-je expier ?...

Il se jette à ses genoux.

ARAMINTE : Dorante, je ne me fâcherai point. Votre égarement me fait pitié ; revenez-en, je vous le pardonne.

Les Fausses Confidences, II, 15 (1737).

OBSERVEZ

- Araminte semble ici mener le jeu. Elle questionne, ordonne (impératif : « montrez-moi »), agit (elle sort le portrait). Son plaisir est d'obliger l'autre à un aveu pénible, mais elle-même est prise au piège de l'amour (« je vous le pardonne »).

- Dorante est d'une position sociale très inférieure. Il veut en fait forcer Araminte à s'abaisser jusqu'à lui. Il manipule cette femme et la force habilement à franchir des obstacles qu'il lui tend. Il a tout à gagner en se faisant aimer.

1. Bie 0 que.
2. *Je n'en dois pas moins :* je dois malgré cela.
3. Il s'agit du portrait d'Araminte.

17 MONTESQUIEU
Le fondateur des sciences politiques

1689-1755

1689 Naissance de Charles-Louis de Secondat, futur baron de la Brède et de Montesquieu, dans un milieu d'hommes de loi.

1716 Président au parlement de Guyenne. Entrée à l'Académie des Sciences de Bordeaux.

1721 Publication à Amsterdam, sans nom d'auteur, des *Lettres Persanes*, ouvrage qui le rend pourtant célèbre.

1728-1731 Élection à l'Académie Française. Voyages en Europe (Allemagne, Hongrie, Italie, Pays-Bas, Angleterre).

1734 *Considérations sur les causes de la grandeur des romains et de leur décadence*, prévues à l'origine pour être un chapitre de *L'Esprit des lois*.

1748 Parution en octobre à Genève de *L'Esprit des lois*, ouvrage auquel il travaille depuis 1731.

1755 Il meurt à Paris presque aveugle.

© Coll. Lausat / Explorer.

Le nom de Montesquieu est attaché à la théorie de la séparation des pouvoirs. Dans *L'Esprit des lois* (1748), Montesquieu montre que les pouvoirs législatif, exécutif et judiciaire doivent exercer un rôle de contre-pouvoir l'un par rapport à l'autre. Le régime ainsi créé est une démocratie libérale, seul régime à garantir la liberté du citoyen. Cette constatation vient après une étude de l'ensemble des législations connues dont Montesquieu cherche à définir « l'esprit », c'est-à-dire le principe fondamental. Ainsi, le principe fondamental de la démocratie est la vertu de ses citoyens, celui de la monarchie le sens de l'honneur de ses nobles, celui du despotisme la crainte des citoyens envers le tyran. De cette comparaison pour expliquer les différences entre les législations, l'auteur dégage la théorie des climats qui déterminent la psychologie et les lois.

Montesquieu, philosophe du XVIIIe siècle, invite à la tolérance et à l'adoption de points de vue qu'on appellerait aujourd'hui interculturels, en particulier dans son ouvrage le moins directement théorique et le plus lu : *Les Lettres persanes* (1721).

À SIGNALER

Le très sérieux théoricien politique que fut Montesquieu commença sa carrière par un succès libertin : *Les Lettres persanes* fut avant tout apprécié pour sa description complaisante des mœurs des femmes du sérail.

Le roman par lettres

Il y a au XVIIIe siècle une grande mode du roman par lettres. Souvent présenté comme une correspondance authentique publiée sans nom d'auteur, ce genre de roman joue sur le mystère du lien entre fiction et réalité.

Inauguré en 1669 par *Les Lettres portugaises* de Guilleragues, données comme vraies, il y en a de nombreux autres exemples au XVIIIe siècle : *Les Lettres persanes* de Montesquieu, *Les Lettres de la marquise de **** de Crébillon fils, *La Nouvelle Héloïse* de Jean-Jacques Rousseau et *Les Liaisons dangereuses* de Choderlos de Laclos.

« Comment peut-on être Persan ? »

Deux Persans, Usbek et Rica, confient leurs impressions sur la vie à Paris dans des lettres destinées à des amis restés au pays.

Rica à Ibben, à Smyrne

Les habitants de Paris sont d'une curiosité qui va jusqu'à l'extravagance[1]. Lorsque j'arrivai, je fus regardé comme si j'avais été envoyé du Ciel : vieillards, hommes, femmes, enfants, tous voulaient me voir. Si[2] je sortais, tout le monde se mettait aux fenêtres ; si j'étais aux Tuileries, je voyais aussitôt un cercle se former autour de moi : les femmes même faisaient un arc-en-ciel, nuancé de mille couleurs, qui m'entourait ; si j'étais aux spectacles, je trouvais d'abord cent lorgnettes[3] dressées contre ma figure : enfin jamais homme n'a tant été vu que moi. Je souriais quelquefois d'entendre des gens qui n'étaient presque jamais sortis de leur chambre, qui disaient entre eux : « Il faut avouer qu'il a l'air bien persan. » Chose admirable ! je trouvais de mes portraits partout ; je me voyais multiplié dans toutes les boutiques, sur toutes les cheminées : tant on craignait de ne m'avoir pas assez vu.

Tant d'honneurs ne laissent pas d'être à charge[4] : je ne me croyais pas un homme si curieux et si rare ; et, quoique j'aie très bonne opinion de moi, je ne me serais jamais imaginé que je dusse[5] troubler le repos d'une grande ville où je n'étais point connu. Cela me fit résoudre à quitter l'habit persan et à en endosser un à l'européenne, pour voir s'il resterait encore dans ma physionomie quelque chose d'admirable. Cet essai me fit connaître ce que je valais réellement : libre de tous les ornements étrangers, je me vis apprécié au plus juste. J'eus sujet de me plaindre de mon tailleur, qui m'avait fait perdre en un instant l'attention et l'estime publique : car j'entrai tout à coup dans un néant affreux. Je demeurais quelquefois une heure dans une compagnie sans qu'on m'eût regardé, et qu'on m'eût mis en occasion d'ouvrir la bouche[6]. Mais, si quelqu'un, par hasard, apprenait à la compagnie que j'étais Persan, j'entendais aussitôt autour de moi un bourdonnement : « Ah ! ah ! Monsieur est Persan ? C'est une chose bien extraordinaire ! Comment peut-on être Persan ? »

De Paris, le 6 de la lune de Chalval, 1712.
Les Lettres persanes, lettre 30 (1721).

1. Folie.
2. Chaque fois que.
3. Lunettes pour voir de loin.
4. *Ne laissent pas d'être à charge :* sont difficiles à supporter.
5. Doive.
6. *Sans qu'on ... bouche :* sans qu'on ne m'ait regardé ni qu'on m'ait donné l'occasion de parler.

OBSERVEZ

- Tout le monde veut voir les deux Persans mais c'est une curiosité superficielle et passagère, une mode. S'ils quittent leur costume exotique, plus personne ne s'intéresse à eux.

- Les Français se croient le centre du monde. Le procédé ironique de Montesquieu conduit à se demander « Comment peut-on être Français ? ».

18 VOLTAIRE

L'ironie comme arme contre l'intolérance et l'injustice

1694-1778

Auteur de théâtre, d'ouvrages historiques, de traités politiques, Voltaire est aujourd'hui connu pour son action militante et pour ses contes philosophiques. *Zadig, Candide, L'ingénu, Micromégas...* Toute sa vie, il a critiqué les grands et attaqué les institutions politiques et sociales. Mais son combat le plus acharné, il l'a mené contre les Églises, qu'il nomme l'Infâme. Il dénonce l'intolérance des religions, les incertitudes de la métaphysique, les privilèges des hommes d'Église. Son arme favorite est l'ironie qui met les rieurs de son côté et ridiculise ses ennemis. La reprise de la célèbre phrase de Leibniz « Tout est pour le mieux dans le meilleur des mondes (possibles) », placée dans la bouche du héros Candide dans les circonstances les plus épouvantables de ses voyages, montre comment Voltaire répond au grand philosophe.

1694 Naissance à Paris de François-Marie Arouet, fils d'un notaire.

1717-1726 Deux courts séjours en prison pour avoir critiqué le Régent et répondu aux insultes d'un chevalier. Premier succès avec la tragédie *Œdipe*. Il prend le nom de Voltaire (anagramme de Arovet l [e] l [eune]).

1726-1729 Voyage en Angleterre ; éloge de la politique anglaise. *Les Lettres philosophiques* ou *Lettres anglaises* (1734) l'obligent à s'exiler.

1744 Retour à Paris. *Zadig ou La Destinée*, conte philosophique.

1750 Séjour en Prusse auprès du roi Frédéric II.

1751-1760 *Le Siècle de Louis XIV* (1751), *Essai sur les mœurs* (1756), et des contes philosophiques : *Micromégas* (1752), *Candide ou L'Optimisme* (1759).

1760-1778 Installation à Ferney près de la frontière suisse. Il lutte contre l'intolérance religieuse en défendant le protestant Calas (1762), le chevalier de la Barre (1766). *Traité sur la tolérance* (1763), *Le Dictionnaire philosophique* (1764), qui est mis à l'index. Retour triomphal à Paris (1778) où il meurt la même année.

À SIGNALER

Au début de sa carrière, Voltaire, bel esprit, poète mondain et parisien, a une dispute avec le chevalier de Rohan. Celui-ci n'a que du mépris pour ce bourgeois « qui n'a même pas un nom ». Voltaire lui répond « Mon nom, je le commence et vous vous finissez le vôtre ». Cette impertinence à l'égard du pouvoir contribue à créer un état d'esprit qui, à la fin du siècle, débouchera sur la Révolution française.

Le nègre de Surinam

Candide et son valet Cacambo quittent l'Europe. Après un séjour en Eldorado, ils se retrouvent dans une colonie hollandaise, le Surinam (actuelle Guyane hollandaise).

En approchant de la ville, ils rencontrèrent un nègre étendu par terre, n'ayant plus que la moitié de son habit, c'est-à-dire d'un caleçon de toile bleue ; il manquait à ce pauvre homme la jambe gauche et la main droite. « Eh ! mon Dieu ! lui dit Candide en hollandais, que fais-tu là, mon ami, dans l'état horrible où je te vois ? – J'attends mon maître, M. Vanderdendur[1], le fameux négociant, répondit le nègre. – Est-ce M. Vanderdendur, dit Candide, qui t'a traité ainsi ? – Oui, monsieur, dit le nègre, c'est l'usage. On nous donne un caleçon de toile pour tout vêtement deux fois l'année. Quand nous travaillons aux sucreries, et que la meule[2] nous attrape le doigt, on nous coupe la main[3] ; quand nous voulons nous enfuir, on nous coupe la jambe : je me suis trouvé dans les deux cas. C'est à ce prix que vous mangez du sucre en Europe. Cependant, lorsque ma mère me vendit dix écus patagons[4] sur la côte de Guinée[5], elle me disait : « Mon cher enfant, bénis nos fétiches[6], adore-les toujours, ils te feront vivre heureux ; tu as l'honneur d'être esclave de nos seigneurs les blancs, et tu fais par là la fortune de ton père et de ta mère. » Hélas ! Je ne sais pas si j'ai fait leur fortune, mais ils n'ont pas fait la mienne. Les chiens, les singes et les perroquets sont mille fois moins malheureux que nous ; les fétiches hollandais[7] qui m'ont converti me disent tous les dimanches que nous sommes tous enfants d'Adam, blancs et noirs. Je ne suis pas généalogiste ; mais si ces prêcheurs disent vrai, nous sommes tous cousins issus de germains[8]. Or vous m'avouerez qu'on ne peut pas en user avec ses parents d'une manière plus horrible.

Candide (1759).

Gravure de Rollet, 1794, d'après une peinture de G. Morland.
Cliché Hachette / Photo B.N.

1. « Avoir la dent dure » signifie « être très sévère ».
2. Pierre qui sert à écraser.
3. Pour éviter la propagation de la gangrène.
4. *Écus patagons :* monnaie espagnole.
5. Allusion au commerce triangulaire des esclaves.
6. Nom donné par les blancs aux divinités des populations dites primitives.
7. *Les fétiches hollandais :* les pasteurs, dans le vocabulaire du « nègre ».
8. *Cousins issus de germains :* cousins au 5ᵉ ou 6ᵉ degré de parenté.

OBSERVEZ

- L'Europe, représentée ici par le commerçant hollandais, s'enrichit au XVIIIᵉ siècle grâce au commerce des noirs et à l'esclavage : « C'est à ce prix que vous mangez du sucre en Europe ». Voltaire, à la suite de Montesquieu, critique ici la pratique monstrueuse de l'esclavage des « nègres ».

- Ceux qui profitent de l'esclavage pratiquent la religion chrétienne et convertissent les noirs à cette religion. Ici encore, Voltaire attaque la religion.

- La rencontre est décrite avec ironie. C'est en effet le noir lui-même, et non des occidentaux « bien pensants », qui présente la situation comme normale.

19 Jean-Jacques ROUSSEAU

Le philosophe du retour à la nature

Jean-Jacques Rousseau est, avec Voltaire et Diderot, l'un des grands philosophes du XVIIIe siècle. Sa pensée se caractérise par un refus de la civilisation et de la mondanité. L'homme est, selon lui, fondamentalement bon par nature, c'est la société qui l'a corrompu. L'introduction du droit de propriété, par exemple, est à la base de l'inégalité sociale. Ses réflexions sur la meilleure forme de gouvernement (*Du Contrat social*) en font le précurseur des penseurs socialistes utopiques. Mais, plus que le philosophe, c'est l'écrivain à la sensibilité déjà romantique qui a marqué la littérature. L'harmonie établie à certains moments entre l'âme et la nature a produit quelques-uns des plus beaux passages descriptifs et lyriques de la langue française (*Les Rêveries*, *La Nouvelle Héloïse*). Enfin, il a renouvelé le genre de l'autobiographie avec *Les Confessions*.

1712-1778

1712 Naissance à Genève de Jean-Jacques Rousseau dans une famille protestante. Son père est horloger. Rousseau perd sa mère en naissant.

1750 Prix de l'Académie de Dijon pour le *Discours sur les sciences et les arts*. Début de la célébrité.

1755 *Discours sur l'origine et les fondements de l'inégalité parmi les hommes*.

1761 *Julie*, ou *La Nouvelle Héloïse*.

1762 *Du contrat social*; *Émile*, ou *De l'éducation* : le chapitre VI, *La Profession de foi du vicaire savoyard*, l'oblige à s'exiler en Suisse.

1765-1770 Rédaction des *Confessions*.

1772-1776 Dialogues : *Rousseau juge de Jean-Jacques*.

1776-1778 *Les Rêveries du promeneur solitaire*.

1778 Meurt le 2 juillet au château d'Ermenonville.

À SIGNALER

Autodidacte, marié à une servante d'auberge, père de quatre enfants confiés aux Enfants trouvés, en conflit avec le milieu des penseurs de son temps, refusant d'être présenté au roi, Rousseau fut un marginal, un original de génie qui, selon ses principes, fut toute sa vie en conflit avec la société.

Attaqué de toutes parts, en particulier par Voltaire qui lui reproche sa haine de la société, Jean-Jacques Rousseau répond par un plaidoyer : *Les Confessions*. Ce livre, dont le titre est repris à Saint-Augustin, s'ouvre sur une déclaration solennelle : « Je forme une entreprise qui n'eut jamais d'exemple et dont l'exécution n'aura point d'imitateur. Je veux montrer à mes semblables un homme dans toute la vérité de la nature ; et cet homme ce sera moi. »

Les bienfaits des hauteurs

Saint Preux, amoureux de Julie d'Étanges, est obligé de se séparer d'elle car elle épouse Monsieur de Wolmar. Il part dans les montagnes suisses et lui fait part de ses impressions.

La montagne, peinte jusqu'alors de façon effrayante en littérature, devient avec Rousseau le lieu de l'élévation de l'âme.

Ce fut là[1] que je démêlai sensiblement dans la pureté de l'air où je me trouvais la véritable cause du changement de mon humeur et du retour de cette paix intérieure que j'avais perdue depuis si longtemps. En effet, c'est une impression générale qu'éprouvent tous les hommes, quoiqu'ils ne l'observent pas tous, que sur les hautes montagnes, où l'air est pur et subtil, on se sent plus de facilité dans la respiration, plus de légèreté dans le corps, plus de sérénité dans l'esprit ; les plaisirs y sont moins ardents, les passions plus modérées. Les méditations y prennent je ne sais quel caractère grand et sublime, proportionné aux objets qui nous frappent[2], je ne sais quelle volupté tranquille qui n'a rien d'âcre et de sensuel. Il semble qu'en s'élevant au-dessus du séjour des hommes on y laisse tous les sentiments bas et terrestres, et qu'à mesure qu'on approche des régions éthérées[3], l'âme contracte quelque chose de leur inaltérable pureté. On y est grave sans mélancolie, paisible sans indolence, content d'être et de penser : tous les désirs trop vifs s'émoussent, ils perdent cette pointe aiguë qui les rend douloureux ; ils ne laissent au fond du cœur qu'une émotion légère et douce ; et c'est ainsi qu'un heureux climat fait servir à la félicité de l'homme les passions qui font ailleurs son tourment. Je doute qu'aucune agitation violente, aucune maladie de vapeurs[4] pût tenir contre un pareil séjour prolongé, et je suis surpris que des bains de l'air salutaire et bienfaisant des montagnes ne soient pas un des grands remèdes de la médecine et de la morale.

La Nouvelle Héloïse, I, 23 (1761).

Madame de Wolmar et Saint Preux.
Cliché Hachette / Photo B.N.

1. Dans les montagnes, en Suisse.
2. Les montagnes grandes et sublimes.
3. L'éther est plus pur et plus subtil que l'air.
4. *Maladie de vapeurs :* mélancolie, dépression.

OBSERVEZ

- L'âme s'accorde au paysage. Elle s'élève et vit des passions tranquilles, paisibles ; elle connaît la sérénité.
- L'ascension de la montagne est comparée à la montée vers le paradis. Plus on s'éloigne de la société, plus on retrouve la pureté.
- Les rythmes ternaires (comportant trois éléments), les balancements, les répétitions (« je ne sais quel », « sans ») rendent la prose musicale. Ils traduisent l'équilibre intérieur du narrateur.

20 Denis DIDEROT

Le philosophe maître d'œuvre de *L'Encyclopédie*

1713-1784

C'est l'écrivain le plus représentatif du siècle des Lumières. Il a touché à de nombreux genres (roman, théâtre, essais philosophiques, critique d'art …). Il a été en contact avec tous les auteurs, scientifiques et philosophes de son temps, à qui il demandait des articles pour *L'Encyclopédie*. Pendant vingt ans, il a commandé, corrigé, rédigé des textes dans tous les domaines du savoir de l'époque.

Il est connu pour son matérialisme proche de l'athéisme (croit-il vraiment en Dieu ?). Pour lui, il y a continuité entre les différents règnes de la nature (minéral, végétal, animal, humain). Il évoque même, le premier, l'hypothèse d'une évolution des espèces.

À SIGNALER

L'Encyclopédie donne lieu pendant vingt ans à une bataille acharnée, pleine d'aventures et de rebondissements. Les philosophes des Lumières voulaient faire triompher la raison. Les Jésuites et l'Église défendaient la vérité révélée de la religion.

1713 Il naît à Langres en Champagne. Son père est un artisan assez riche. Denis est l'aîné de sept enfants. On le destine à l'Église.

1743 Après de brillantes études, il fréquente la bohème parisienne, épouse une lingère et devient l'ami de Jean-Jacques Rousseau, avec lequel il se fâchera plus tard.

1745-1749 Publie plusieurs essais philosophiques. *La Lettre sur les aveugles à l'usage de ceux qui voient* entraîne son emprisonnement au château de Vincennes, près de Paris. On lui reproche son matérialisme.

1745-1765 Devenu directeur de *L'Encyclopédie ou Dictionnaire raisonné des Sciences, des Arts et des Métiers*, il mène cette tâche pendant vingt ans. Il écrit cependant des drames bourgeois pour le théâtre (*Le Fils naturel*, 1757, *Le Père de famille*, 1760).

1769-1775 Publication de trois romans : *La Religieuse* (1770), *Le Neveu de Rameau* (1774), *Jacques le Fataliste* (1775) et d'essais philosophiques : *Le Rêve de d'Alembert* (1769), *Le Paradoxe sur le comédien* (1773).

1773 Voyage en Russie auprès de Catherine II, dont il espère faire un despote éclairé.

Hasard et nécessité : Jacques le Fataliste et son maître

Qu'on ne s'y trompe pas, le véritable sujet du roman ne sera pas le récit des amours de Jacques (continuellement repoussé), mais l'affirmation de la liberté de l'homme.

Comment s'étaient-ils rencontrés ? Par hasard, comme tout le monde. Comment s'appelaient-ils ? Que vous importe ? D'où venaient-ils ? Du lieu le plus prochain[1]. Où allaient-ils ? Est-ce que l'on sait où l'on va ? Que disaient-ils ? Le maître ne disait rien ; et Jacques disait que son capitaine disait que tout ce qui nous arrive de bien et de mal ici-bas était écrit là-haut.

LE MAÎTRE. – C'est un grand mot que cela[2].

JACQUES. – Mon capitaine ajoutait que chaque balle qui partait d'un fusil avait son billet[3].

LE MAÎTRE. – Et il avait raison ...

Après une courte pause, Jacques s'écria : « Que le diable emporte le cabaretier et son cabaret[4] ! »

LE MAÎTRE. – Pourquoi donner au diable son prochain ? Ce n'est pas chrétien.

JACQUES. – C'est que, tandis que je m'enivre de son mauvais vin, j'oublie de mener nos chevaux à l'abreuvoir. Mon père s'en aperçoit ; il se fâche. Je hoche la tête ; il prend un bâton et m'en frotte un peu durement les épaules. Un régiment passait pour aller au camp devant Fontenoy ; de dépit je m'enrôle[5]. Nous arrivons ; la bataille se donne.

LE MAÎTRE. – Et tu reçois la balle à ton adresse.

Frontispice de Gueffin, 1797.
Cliché Hachette / Photo B.N.

JACQUES. – Vous l'avez deviné ; un coup de feu au genou ; et Dieu sait les bonnes et les mauvaises aventures amenées par ce coup de feu. Elles se tiennent ni plus ni moins que les chaînons d'une gourmette[6]. Sans ce coup de feu, par exemple, je crois que je n'aurais été amoureux de ma vie, ni boiteux.

LE MAÎTRE. – Tu as donc été amoureux ? [...] Tu ne m'en as jamais dit un mot.

JACQUES. – Je le crois bien.

LE MAÎTRE. – Et pourquoi cela ?

JACQUES. – C'est que cela ne pouvait être dit ni plus tôt ni plus tard.

LE MAÎTRE. – Et le moment d'apprendre ces amours est-il venu ?

JACQUES. – Qui le sait ?

LE MAÎTRE. – À tout hasard, commence toujours.

Jacques le Fataliste et son maître (1775).

1. Proche.
2. *C'est un grand mot que cela* : c'est une formule très osée.
3. Destination.
4. Débit de boisson.
5. *Je m'enrôle* : je m'engage dans l'armée.
6. Bracelet en forme de chaîne.

OBSERVEZ

- C'est un début de roman surprenant : dans les premières lignes, le narrateur introduit comme un dialogue entre le lecteur et lui : le lecteur semble ainsi poser des questions à l'auteur au sujet des personnages (« ils »).

- Le mot « hasard » intervient à deux moments importants : au début du récit du romancier ; au début du récit de Jacques. Il y a là comme une contradiction avec la philosophie du fatalisme soutenue par Jacques (« tout ce qui nous arrive est écrit là-haut »).

21 BEAUMARCHAIS

Un théâtre qui critique avec gaieté la noblesse et le pouvoir

Auteur de plusieurs pièces de théâtre, Beaumarchais est aujourd'hui connu pour sa trilogie *Le Barbier de Séville*, *Le Mariage de Figaro* et *La Mère coupable*. Le succès de ces comédies vient de l'opposition qu'elles montrent entre le petit peuple sympathique et rusé, représenté par Figaro, domestique du Comte, et la noblesse. La satire sociale est vive dans la bouche du valet : « Un grand fait assez de bien quand il ne nous fait pas de mal », la satire contre la justice, la censure, le pouvoir en place est constante. Écrites peu avant la Révolution, ces pièces joyeuses font preuve d'esprit critique et marquent un désir de liberté, état d'esprit dans lequel les Français se reconnaissent encore aujourd'hui.

À SIGNALER

Beaumarchais a inspiré les musiciens d'opéra : Rossini s'est inspiré du *Barbier de Séville* (1816), Mozart du *Mariage de Figaro* (*Les Noces de Figaro*, 1786) et Darius Milhaud de *La Mère coupable* (1966). Pendant la Deuxième Guerre mondiale (1940-1944), les représentations du *Mariage de Figaro* ont été interdites en France.

1732-1799

1732 Fils d'un horloger parisien, il devient en 1753 horloger du roi. Il rend des services à des financiers et obtient une charge. Il est anobli (1761).

1764-1765 Pour des intérêts financiers et pour venger sa sœur, il voyage en Espagne.

1767 Début de sa carrière d'auteur de théâtre avec des pièces sérieuses.

1773-1774 Un procès qu'il perd le rend célèbre. Il dénonce le rôle de l'argent dans la justice.

1775 *Le Barbier de Séville*. Il effectue des missions secrètes pour le roi, en Angleterre et en Allemagne. Il est chargé de faire parvenir les armes envoyées par la France aux insurgés d'Amérique.

1777 Il crée la Société des auteurs pour s'opposer aux exigences des comédiens.

1784 *Le Mariage de Figaro* triomphe malgré des tentatives de censure. Beaumarchais manque de modestie et est emprisonné quelques jours.

1791-1795 Exilé, pris dans des affaires de vente de fusils, il vit dans la misère à Hambourg, rentre en France en 1796 et meurt en 1799 après une vie mouvementée pendant laquelle l'activité d'auteur est secondaire.

Les réflexions de Figaro

L'acte V du Mariage de Figaro *commence par un long monologue. Figaro aime Suzanne et veut l'épouser. Il sait qu'elle a rendez-vous la nuit dans un parc avec le Comte. Il se cache pour la surprendre et réfléchit à haute voix pendant qu'il attend.*

Non, Monsieur le Comte, vous ne l'aurez pas... vous ne l'aurez pas... Parce que vous êtes un grand Seigneur, vous vous croyez un grand génie !... Noblesse, fortune, un rang, des places : tout cela rend si fier ! Qu'avez-vous fait pour tant de biens ? Vous vous êtes donné la peine de naître, et rien de plus ; du reste, homme assez ordinaire ! tandis que moi, morbleu ! perdu dans la foule obscure, il m'a fallu déployer plus de science et de calculs pour subsister seulement, qu'on n'en a mis depuis cent ans à gouverner toutes les Espagnes : et vous voulez jouter[1]... On vient... c'est elle... ce n'est personne. – La nuit est noire en diable, et me voilà faisant le sot métier de mari, quoique je ne le sois qu'à moitié ! *(Il s'assied sur un banc.)* Est-il rien de plus bizarre que ma destinée ! Fils de je ne sais pas qui, volé par des bandits, élevé dans leurs mœurs, je m'en dégoûte et veux courir une carrière honnête[2], et partout je suis repoussé ! Que je voudrais bien tenir un de ces puissants de quatre jours, si légers sur le mal qu'ils ordonnent, quand une bonne disgrâce a cuvé son orgueil[3] ! Je lui dirais... [...] que, sans la liberté de blâmer[4], il n'est point d'éloge flatteur[5], et qu'il n'y a que les petits hommes qui redoutent les petits écrits.

(Il se rassied.) Las de nourrir un obscur pensionnaire, on me met un jour dans la rue ; et comme il faut dîner quoiqu'on ne soit plus en prison, je taille encore ma plume, et demande à chacun de quoi il est question[6] : on me dit que pendant ma retraite économique il s'est établi dans Madrid un système de liberté sur la vente des productions, qui s'étend même à celles de la presse ; et que, pourvu que je ne parle en mes écrits ni de l'autorité, ni du culte, ni de la politique, ni de la morale, ni des gens en place, ni des corps en crédit, ni de l'Opéra, ni des autres spectacles, ni de personne qui tienne à quelque chose, je puis tout imprimer librement, sous l'inspection de deux ou trois censeurs[7]. Pour profiter de cette douce liberté, j'annonce un écrit périodique, et, croyant n'aller sur les brisées d'aucun autre[8], je le nomme *Journal inutile*. Pou-ou ! je vois s'élever contre moi mille pauvres diables à la feuille ; on me supprime, et me voilà derechef[9] sans emploi !

Le Mariage de Figaro, V, 3 (1784).

Frontispice de l'Acte V d'après un dessin de J.-P. Joseph de Saint Quentin. Photo Hachette.

1. Vous mesurer à moi.
2. *Courir une carrière honnête :* vivre honnêtement.
3. Après une période où son orgueil a été malmené.
4. Critiquer.
5. Cette phrase a paru pendant des années sous le titre du quotidien national *Le Figaro*.
6. *De quoi il est question :* ce qui se passe en ce moment.
7. L'ironie naît du rapprochement des mots « liberté » et « censeurs » (personnes qui jugent, et qui peuvent interdire une publication).
8. *N'aller ... d'aucun autre :* ne concurrencer personne.
9. De nouveau.

OBSERVEZ

- Figaro est un homme du peuple, il a de l'esprit. Ce qu'il a, il l'a gagné lui-même. Le Comte n'a rien fait pour être grand Seigneur, il est né noble et cela suffit à ce qu'il soit le maître de Figaro. En fait, Figaro se sent supérieur à lui.

- Dans la deuxième partie du texte, Figaro fait la critique de la censure : sous le pouvoir royal, les auteurs ne peuvent critiquer le régime. Le ton de ce monologue montre que les choses sont en train de changer.

CHODERLOS de LACLOS (Pierre)

Libertin ou moraliste ?

Auteur d'une seule œuvre, *Les Liaisons dangereuses*, Laclos raconte les jeux amoureux auxquels se livre la noblesse de l'époque. Le manque d'occupation et l'ennui conduisent les gens inoccupés à jouer avec les sentiments sans en être victimes. Deux aristocrates, la marquise de Merteuil et le vicomte de Valmont, cherchent à perdre la réputation d'une honnête femme, vertueusement attachée à son mari, et d'une jeune fille, fraîchement sortie du couvent et future mariée. La correspondance inventée de ces libertins dévoile, par une profonde analyse psychologique, les brillantes stratégies amoureuses et le cynisme des « débauchés » de la fin du XVIIIe siècle.

Cependant, l'auteur prétend faire œuvre morale en mettant en garde les jeunes filles naïves contre l'hypocrisie et la corruption du monde.

À SIGNALER

Choderlos de Laclos est également l'auteur de trois textes restés inachevés sur le statut de la femme, regroupés sous le titre *De l'éducation des femmes*. Il y dénonce, comme le fait à la même époque la féministe Olympe de Gouges*, l'esclavage de la femme destinée, par un manque d'instruction voulu par la société, à la soumission totale aux hommes.

* Olympe de Gouges (1748-1793) est l'auteur d'une *Déclaration des Droits de la femme et de la citoyenne*. Elle fut décapitée pour avoir pris la défense du roi Louis XVI.

1741-1803

1741 Naissance à Amiens de Pierre Choderlos de Laclos, destiné à une carrière d'officier.

1780 Contrairement à sa demande, il n'est pas enrôlé dans l'armée française de libération des Amériques lors de la guerre d'Indépendance des États-Unis, et reste cantonné sur l'île de Ré.

1782 Publication des *Liaisons dangereuses*, roman épistolaire rapidement considéré comme un ouvrage scandaleux par sa description complaisante de la débauche et de la corruption des aristocrates libertins. L'œuvre restera condamnée par l'Église durant tout le XIXe siècle.

1789 Laclos devient secrétaire de Philippe Égalité (frère du roi, député à la Convention, qui votera la mort de Louis XVI). Ami de Danton, il fut membre actif du Club des Jacobins pendant la Révolution.

1803 Il meurt à Tarente, en Italie.

Les romans libertins du XVIIIe siècle

Les Liaisons dangereuses constitue le chef-d'œuvre du libertinage, courant littéraire dans lequel on peut classer des auteurs comme Crébillon fils, Restif de la Bretonne et le marquis de Sade.

De la marquise de Merteuil au vicomte de Valmont

La marquise et le vicomte ont été amants. Pour le moment, elle se refuse à lui, sauf s'il accepte ses conditions...

Aussitôt que vous aurez eu votre belle dévote[1], que vous pourrez m'en fournir une preuve, venez, et je suis à vous. Mais vous n'ignorez pas que dans les affaires importantes, on ne reçoit de preuves que par écrit. Par cet arrangement, d'une part, je deviendrai une récompense au lieu d'être une consolation ; et cette idée me plaît davantage : de l'autre votre succès en sera plus piquant, en devenant lui-même un moyen d'infidélité. Venez donc, venez au plus tôt m'apporter le gage[2] de votre triomphe : semblable à nos preux chevaliers[3] qui venaient déposer aux pieds de leurs dames les fruits brillants de leur victoire. Sérieusement, je suis curieuse de savoir ce que peut écrire une prude[1] après un tel moment, et quel voile elle met sur ses discours, après n'en avoir plus laissé sur sa personne. C'est à vous de voir si je me mets à un prix trop haut ; mais je vous préviens qu'il n'y a rien à rabattre[4]. Jusque-là, mon cher Vicomte, vous trouverez bon que je reste fidèle à mon chevalier[5], et que je m'amuse à le rendre heureux, malgré le petit chagrin que cela vous cause.

Les Liaisons dangereuses, lettre LXX (1782).

Gravure de Le Mire d'après C. Monnet. Photo Hachette.

1. *Une dévote, une prude :* une femme vertueuse, tournée vers la religion.
2. Preuve.
3. *Nos preux chevaliers :* chevaliers courageux du Moyen âge.
4. Discuter.
5. Elle parle de son amant du moment.

OBSERVEZ

- Madame de Merteuil raisonne comme un stratège militaire. Dans les affaires de sentiments, elle prend plaisir à diriger les opérations. Pour les deux héros, là est le défi.

- La marquise se sent supérieure aux femmes qui, comme « la belle dévote », tombent amoureuses sérieusement une fois dans leur vie. Elle « s'amuse à rendre heureux son amant ». C'est la conduite des libertins.

23 CHATEAUBRIAND (François-René de)

Un poète lyrique, précurseur du romantisme

Avec la parution d'*Atala* en 1801, les Français découvraient en Chateaubriand un véritable « enchanteur » ; dans ses descriptions pittoresques et suggestives des paysages, la nature cesse d'être un simple décor pour devenir la confidente et l'illustration des états d'âme du narrateur.

En effet, Chateaubriand n'est pas seulement un peintre de la nature extérieure, il réussit aussi particulièrement bien à décrire, par le rythme des phrases et les harmonies sonores, le vague des passions de l'âme, en d'admirables poèmes en prose.

Tempêtes et tourments

Dans René, *autobiographie fictive, le héros s'abandonne à son mal, le « vague des passions ».*

Mais comment exprimer cette foule de sensations fugitives, que j'éprouvais dans mes promenades ? Les sons que rendent les passions dans le vide d'un cœur solitaire ressemblent au murmure que les vents et les eaux font entendre dans le silence d'un désert ; on en jouit, mais on ne peut les peindre. [...]
L'automne me surprit au milieu de ces incertitudes : j'entrai avec ravissement dans les mois des tempêtes. Tantôt j'aurais voulu être un de ces guerriers errant au milieu des vents, des nuages et des fantômes ; tantôt j'enviais jusqu'au sort du pâtre[1] que je voyais réchauffer ses mains à l'humble feu de broussailles qu'il avait allumé au coin d'un bois. J'écoutais ses chants mélancoliques, qui me rappelaient que dans tout pays le chant naturel de l'homme est triste, lors même qu'il exprime le bonheur. Notre cœur est un instrument incomplet, une lyre[2] où il manque des cordes, et où nous sommes forcés de rendre les accents de la joie sur le ton consacré aux soupirs.

René (1802).

1768-1848

1768 À Saint-Malo, sa mère lui « infligea la vie », selon l'expression de Chateaubriand lui-même.

1786-1791 Sous-lieutenant dans l'armée française.

1791 Voyage en Amérique, de juillet à décembre.

1792-1800 Après avoir rejoint l'armée des nobles émigrés en Angleterre à la suite de la révolution française, Chateaubriand s'exile à Londres.

1800 Retour en France, *Atala* (1801), *Le Génie du christianisme* et *René* (1802) ; grand succès.

1826 *Le Dernier Abencérage*, *Les Natchez* (épopée en prose dont *Atala* constituait d'abord un chapitre).

1827 Parution du *Voyage en Amérique*.

1848 Mort de Chateaubriand, en juillet.

1848-1850 Parution, en feuilleton, des *Mémoires d'outre-tombe*, grand ouvrage autobiographique, dont la rédaction a duré de 1803 à 1841.

---

1. Berger.
2. Instrument de musique.

OBSERVEZ

- Dans la seconde phrase, l'accord de la nature et des passions s'exprime notamment grâce à l'assonance « cœur solitaire/désert », et la comparaison entre les deux éléments.

- Dans le second paragraphe, l'automne, saison des tempêtes, reflète la violence des passions de l'âme romantique. Remarquer également la présence d'images fantastiques.

- L'utilisation de l'image de la lyre inscrit ce passage dans le genre du poème lyrique avec pour refrain le sentiment de mélancolie.

Alphonse de LAMARTINE
Harmonies poétiques et mal de vivre

1790-1869

Énergique dans son engagement politique, Lamartine est mélancolique dans sa poésie. Son lyrisme s'exprime sous une forme classique et musicale. Il traite des grands thèmes auxquels aspire l'homme (communion avec la nature, amour, religion) et des obstacles qui l'empêchent d'être heureux (fuite du temps, regret du passé, crainte de la mort).

1820 *Les Méditations poétiques* publiées par un aristocrate oisif, sensible à la nature et à la religion, connaissent un énorme succès. Le romantisme est né.

1830 Mission diplomatique en Toscane. Il y écrit *Les Harmonies poétiques et religieuses*. Voyage dans les lieux saints.

1833-1851 Député chrétien, libéral et social. Publie *Les Recueillements* (1839) et *L'Histoire des Girondins* (1847). Orateur politique, ministre des Affaires étrangères (1848), il est candidat à l'élection de la présidence de la République en 1849. L'Empire, établi par Napoléon III, l'oblige à vivre de ses écrits ; il parle de « travaux forcés littéraires » (ouvrages d'histoire et de morale).

Le Lac

Inspiré d'une liaison passagère avec une femme, le poème évoque le bonheur amoureux et la fuite du temps.

[...] Ô temps, suspends ton vol[1] ! et vous, heures [propices[2],
  Suspendez votre cours !
Laissez-nous savourer les rapides délices
  Des plus beaux de nos jours ! [...]

Mais je demande en vain quelques moments encore,
  Le temps m'échappe et fuit ;
Je dis à cette nuit : « Sois plus lente » ; et l'aurore
  Va dissiper la nuit.

Aimons donc, aimons donc ! de l'heure fugitive[3],
  Hâtons-nous, jouissons !
L'homme n'a point de port, le temps n'a point de rive ;
  Il coule, et nous passons ! [...]

Ô lac[4] ! rochers muets ! grottes ! forêt obscure !
Vous que le temps épargne ou qu'il peut rajeunir,
Gardez de cette nuit, gardez, belle nature,
  Au moins le souvenir ! [...]

Que le vent qui gémit, le roseau qui soupire,
Que les parfums légers de ton air embaumé,
Que tout ce qu'on entend, l'on voit ou l'on respire,
  Tout dise : « Ils ont aimé ! »

« Le Lac », *Méditations poétiques* (1820).

---
1. Allusion au vol des oiseaux.
2. Favorables.
3. Qui fuit.
4. Lac du Bourget, près d'Aix-les-Bains.

À SIGNALER

Il fit acclamer le drapeau tricolore lors de la Révolution de 1848 (contre le drapeau rouge), participa à la naissance de la 2ᵉ République (1848-1851) et prit momentanément la tête du gouvernement provisoire.

OBSERVEZ

- Un critique de l'époque a dit de lui qu'il était « le plus grand musicien de la langue française ». La phrase coule comme l'eau. La mélodie est faite de répétitions (« suspends » / « suspendez » ; « aimons ») d'invocations, d'exclamations.
- L'écoulement continu du temps est une menace. Le poète voudrait arrêter la fuite du temps et se maintenir dans un moment heureux.

25 STENDHAL
(Henry Beyle, dit)

1783-1842

Le romancier de l'héroïsme déçu

Stendhal peint l'échec des jeunes hommes avides d'héroïsme qui idéalisent l'épopée napoléonienne et se trouvent totalement anéantis par les valeurs morales hypocrites de la Restauration, marquée par les Jésuites. Mais Stendhal est aussi un peintre de l'intimité : dans son roman autobiographique inachevé, la *Vie de Henry Brulard*, il se livre à l'« égotisme » (première manifestation de l'égoïsme), c'est-à-dire au plaisir intime de l'écriture, – puisqu'il s'agit de raconter sa propre vie – au risque de se rendre haïssable au lecteur.

À SIGNALER

- Stendhal est l'auteur d'une véritable théorie scientifique de l'amour, dont la naissance comporte sept phases, parmi lesquelles la plus importante est la « cristallisation ». Bien avant Freud, Stendhal constate l'importance de l'idéalisation dans les processus de la vie psychique.
- En 1840, Balzac est célèbre d'un bout de l'Europe à l'autre, Stendhal, lui, est complètement ignoré au point que les rares journaux qui signalent son décès orthographient mal son nom. *De l'amour* a été vendu à 22 exemplaires, *Le Rouge et le Noir* n'eut pas de deuxième édition du vivant de l'auteur. Tous les critiques professionnels, sauf Balzac, passèrent à côté de Stendhal sans le remarquer.

1783 Naissance à Grenoble. Perd sa mère très jeune ; se révolte contre son père et son éducation religieuse.

1800-1814 Engagement dans l'armée d'Italie, participe aux campagnes de Russie et de Saxe. Il « tombe avec Napoléon » en 1814.

1814-1821 Installation à Milan, sa patrie d'élection. Publication de *Rome, Naples et Florence* (1817).

1821-1830 Séjour parisien. Un essai de psychologie, *De l'amour* (1822). Engagement dans la bataille romantique avec *Racine et Shakespeare* : à la dramaturgie classique, Stendhal oppose la tragédie nationale en prose, donnant sa version du « romanticisme ». *Vie de Rossini* (1823). *Armance* (1827), son premier roman d'analyse psychologique : un échec. *Promenades dans Rome* (1829).

1830 Premier chef-d'œuvre : *Le Rouge et le Noir*.

1830-1842 Nommé consul à Trieste, puis à Civita-Vecchia. 1839 : deuxième chef-d'œuvre, *La Chartreuse de Parme*. Publie ses *Chroniques italiennes*.

1842 Mort d'apoplexie à Paris. Publication posthume d'une *Vie de Napoléon*, de deux romans inachevés (*Lucien Leuwen* et *Lamiel*), et ses écrits autobiographiques : un journal, la *Vie de Henry Brulard*, et ses *Souvenirs d'égotisme*.

Fabrice à Waterloo

Fabrice del Dongo, jeune aristocrate italien, rêve de rejoindre son idole, l'empereur français Napoléon premier. Il débarque sur le champ de la bataille de Waterloo, où les troupes napoléoniennes affrontent les Anglais.

Tout à coup on partit au grand galop. Quelques instants après, Fabrice vit, à vingt pas en avant, une terre labourée qui était remuée d'une façon singulière. Le fond des sillons était plein d'eau, et la terre fort humide, qui formait la crête de ces sillons, volait en petits

fragments noirs lancés à trois ou quatre pieds de haut. Fabrice remarqua en passant cet effet singulier ; puis sa pensée se remit à songer à la gloire du maréchal. Il entendit un cri sec auprès de lui ; c'étaient deux hussards[1] qui tombaient atteints par des boulets, et, lorsqu'il les regarda, ils étaient déjà à vingt pas de l'escorte. Ce qui lui sembla horrible, ce fut un cheval tout sanglant qui se débattait sur la terre labourée, en engageant ses pieds dans ses propres entrailles ; il voulait suivre les autres : le sang coulait dans la boue.
« Ah ! m'y voilà donc enfin au feu ! se dit-il. J'ai vu le feu ! se répétait-il avec satisfaction. Me voici un vrai militaire. » À ce moment, l'escorte allait ventre à terre, et notre héros comprit que c'étaient des boulets qui faisaient voler la terre de toutes parts. Il avait beau regarder du côté d'où venaient les boulets, il voyait la fumée blanche de la batterie à une distance énorme, et, au milieu du ronflement égal et continu produit par les coups de canon, il lui semblait entendre les décharges beaucoup plus voisines ; il n'y comprenait rien du tout.

À ce moment, les généraux et l'escorte descendirent dans un petit chemin plein d'eau, qui était à cinq pieds en contrebas. Le maréchal s'arrêta, et regarda de nouveau avec sa lorgnette. Fabrice, cette fois, put le voir tout à son aise, il le trouva très blond, avec une grosse tête rouge. « Nous n'avons point de figures comme celle-là en Italie, se dit-il. Jamais, moi qui suis si pâle et qui ai des cheveux châtains, je ne serai comme ça », ajoutait-il avec tristesse. Pour lui ces paroles voulaient dire : « Jamais je ne serai un héros ». Il regarda les hussards ; à l'exception d'un seul, tous avaient des moustaches jaunes. Si Fabrice regardait les hussards de l'escorte, tous le regardaient aussi. Ce regard le fit rougir, et pour finir son embarras, il tourna la tête vers l'ennemi[2]. C'étaient des lignes fort étendues d'hommes rouges ; mais, ce qui l'étonna fort, ces hommes lui semblaient tout petits. Leurs longues files, qui étaient des régiments ou des divisions, ne lui paraissaient pas plus hautes que des haies. Une ligne de cavaliers rouges trottait pour se rapprocher du chemin en contrebas que le maréchal et l'escorte s'étaient mis à suivre au petit pas, pataugeant dans la boue. La fumée empêchait de rien distinguer du côté vers lequel on s'avançait ; l'on voyait quelquefois des hommes au galop se détacher de cette fumée blanche.

Tout à coup, du côté de l'ennemi, Fabrice vit quatre hommes qui arrivaient ventre à terre. « Ah ! nous sommes attaqués », se dit-il ; puis il vit deux de ces hommes parler au maréchal. Un des généraux de la suite de ce dernier partit au galop du côté de l'ennemi, suivi de deux hussards de l'escorte et des quatre hommes qui venaient d'arriver. Après un petit canal que tout le monde passa, Fabrice se trouva à côté d'un maréchal des logis qui avait l'air fort bon enfant. « Il faut que je parle à celui-là, se dit-il, peut-être ils cesseront de me regarder. » Il médita longtemps.

– Monsieur, c'est la première fois que j'assiste à la bataille, dit-il enfin au maréchal des logis ; mais ceci est-il une véritable bataille ?

La Chartreuse de Parme, Ire partie, chap. III.

1. Cavaliers. 2. Les Anglais, ennemis de Napoléon lors de la bataille de Waterloo, qui marque la fin du Premier Empire (1815).

OBSERVEZ

- La bataille de Waterloo est décrite entièrement selon le point de vue de Fabrice, qui ne sait même pas vraiment qui sont les ennemis, qui sont les alliés.

- Fabrice ne comprend rien à la guerre : il pense que la terre par exemple est simplement labourée alors qu'elle est en réalité creusée de coups de canons.

- Fabrice a une vision complètement idéalisée de l'héroïsme militaire, vision que l'horreur de la bataille dément cruellement. D'où l'interrogation finale absurde du jeune naïf : « Mais ceci est-il une véritable bataille ? ».

26 Honoré de BALZAC

Créateur du modèle romanesque français, peintre visionnaire de la société

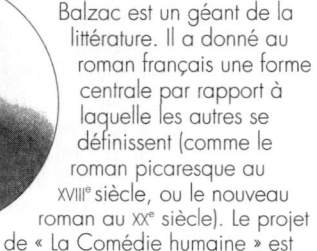

1799-1850

Balzac est un géant de la littérature. Il a donné au roman français une forme centrale par rapport à laquelle les autres se définissent (comme le roman picaresque au XVIII siècle, ou le nouveau roman au XX siècle). Le projet de « La Comédie humaine » est de décrire la société de ses contemporains comme s'il s'agissait d'une société animale. Le génie de son auteur est d'être à la fois un observateur réaliste et un visionnaire passionné. « La société française allait être l'historien, je ne devais être que le secrétaire », écrit Balzac. Les héros balzaciens sont évoqués avec une précision qui les rend vivants. Leur physique, leur costume, leurs manies, leurs désirs sont observés avec réalisme. Et il y a plus de 2 000 personnages dans la « Comédie humaine » ! On a dit de Balzac qu'il faisait concurrence à l'état civil. À ce défi, il ajoutait une puissance de création romanesque constamment sensible dans l'œuvre. La vision que Balzac a de cette société est désespérée ; dominée par l'argent, le goût du pouvoir, les intrigues mondaines et la presse, elle laisse peu d'espoir aux nobles sentiments ! La lecture de cette œuvre qui prétendait peindre une société historiquement marquée (Restauration, Monarchie de Juillet) demeure aussi passionnante que lors de sa parution alors que cette société a disparu.

À SIGNALER Balzac a écrit 90 romans et nouvelles, 30 contes, 5 pièces de théâtre. Il a composé *Le Père Goriot* en quarante jours, mais il corrigeait et reprenait ses textes avec fébrilité. Malgré une énergie hors du commun, le travail l'a épuisé. Sur son lit de mort, il réclamait, dit-on, Bianchon, le personnage du médecin dans « La Comédie humaine ».

1799 Naissance à Tours. Son père est fonctionnaire impérial. Il avait commencé comme berger et fait une ascension sociale extrêmement rapide. Sa mère le délaisse. Le jeune Balzac (sans particule) connaît d'abord les malheurs de l'enfance en nourrice puis en pension.

1822 Il refuse de devenir notaire, et décide d'écrire. Débuts très difficiles. Production alimentaire sous des pseudonymes. Rencontre Mme de Berny (son aînée de plus de vingt ans) qui lui fait connaître la vie mondaine et l'aide financièrement dans des projets d'imprimerie qui le mènent à la faillite. Cette dette l'obsèdera de nombreuses années.

1831-1841 Succès avec *La Peau de chagrin* (1831). Accablé de soucis financiers, Balzac signe des contrats et écrit sans relâche. *Eugénie Grandet* (1833), *Le Père Goriot* (1835), *Le Lys dans la vallée* (1836), *Illusions perdues* (1843). Parallèlement, il imagine des entreprises financières pour échapper enfin à ses créanciers (mines d'argent en Sardaigne, commerce d'ananas, etc.). En 1833, les lettres d'une admiratrice polonaise, Mme Hanska, mariée à un comte suscitent une correspondance abondante et des séjours (Suisse, Saxe, Russie) avec « l'étrangère ».

1841 Balzac signe un contrat pour la parution de toutes ses œuvres sous le titre de « La Comédie humaine ».

1842 Mort du comte Hanski. Balzac prépare un appartement luxueux à Paris pour Mme Hanska. *La Cousine Bette* (1846), *Le Cousin Pons* (1847).

1850 Balzac épouse Mme Hanska après un séjour d'un an en Ukraine. De retour à Paris, il meurt trois mois plus tard, après une visite de Victor Hugo.

« À nous deux maintenant ! »

Le père Goriot s'est dépouillé de son bien pour le donner à ses deux filles. Rastignac est l'amant de l'une d'elle, mariée au baron de Nucingen. Provincial, sensible, il a l'âme pure, mais au spectacle des forces mauvaises qui dirigent la société, il en adopte la règle du jeu.

Au moment où le corps fut placé dans le corbillard[1], deux voitures armoriées[2], mais vides, celle du comte de Restaud et celle du baron de Nucingen[3], se présentèrent et suivirent le convoi jusqu'au Père-Lachaise[4]. À six heures, le corps du père Goriot fut descendu dans sa fosse, autour de laquelle étaient les gens[5] de ses filles, qui disparurent avec le clergé aussitôt que fut dite la courte prière due au bonhomme pour l'argent de l'étudiant[6]. Quand les deux fossoyeurs eurent jeté quelques pelletées de terre sur la bière[7] pour la cacher, ils se relevèrent, et l'un d'eux, s'adressant à Rastignac, lui demanda leur pourboire. Eugène fouilla dans sa poche et ne trouva rien, il fut forcé d'emprunter vingt sous à Christophe[8]. Ce fait, si léger en lui-même, détermina chez Rastignac un accès d'horrible tristesse. Le jour tombait, un humide crépuscule agaçait les nerfs, il regarda la tombe et y ensevelit sa dernière larme de jeune homme, cette larme arrachée par les saintes émotions d'un cœur pur, une de ces larmes qui, de la terre où elles tombent, rejaillissent jusque dans les cieux. Il se croisa les bras, contempla les nuages, et, le voyant ainsi, Christophe le quitta.

Rastignac, resté seul, fit quelques pas vers le haut du cimetière et vit Paris tortueusement couché le long des deux rives de la Seine, où commençaient à briller les lumières. Ses yeux s'attachèrent presque avidement entre la colonne de la place Vendôme et le dôme des Invalides, là où vivait ce beau monde dans lequel il avait voulu pénétrer. Il lança sur cette ruche bourdonnante un regard qui semblait par avance en pomper[9] le miel, et dit ces mots grandioses : « À nous deux maintenant ! »

Et pour premier acte de défi qu'il portait à la société, Rastignac alla dîner chez madame de Nucingen[10].

Le Père Goriot, fin du roman (1835).

Édition de 1853. Cliché Hachette / Photo B.N.

1. Voiture qui sert à transporter les morts. 2. Portant les armoiries (signes et devises) de familles nobles. 3. Les familles dans lesquelles sont entrées les deux filles du père Goriot grâce à l'argent qu'il leur a donné. 4. Le plus grand et le plus prestigieux cimetière parisien. 5. Les domestiques. 6. C'est Rastignac, qui vivait dans la même pension de famille que M. Goriot, qui a payé l'enterrement. Ses filles n'ont rien donné. 7. Boîte qui renferme le mort. 8. Le domestique de la pension où habitait Goriot. 9. Absorber. 10. Delphine de Nucingen, fille du père Goriot, épouse du baron de Nucingen, maîtresse de Rastignac. Elle n'a pas assisté à l'enterrement de son père, d'une catégorie sociale inférieure à la sienne.

OBSERVEZ

- Les règles de la société sont impitoyables. Le père Goriot était bon. Il est méprisé. Même ses filles n'assistent pas à son enterrement. Rastignac a encore le cœur pur mais la constatation de l'horreur du monde va faire changer sa règle de vie.

- Cette fin de roman sonne comme un début : début dans la vie mondaine pour Rastignac ; début de l'entreprise balzacienne de la Comédie humaine. C'est avec ce roman que Balzac a conçu le projet du retour des personnages.

Victor HUGO

L'affrontement gigantesque de l'ombre et de la lumière

1802-1885

La figure de Victor Hugo domine l'histoire littéraire du XIXe siècle. La longueur de sa carrière, l'abondance de sa production, la puissance dont il a fait preuve dans tous les genres littéraires, la participation qu'il a prise à la politique de son temps en font un grand auteur populaire. En poésie, il a joué sur toute la gamme des tonalités, avec une préférence peut-être pour la poésie épique *(La Légende des siècles, La Fin de Satan)*. Au théâtre, il a écrit des drames en vers et en prose toujours joués aujourd'hui. Mais c'est sans doute grâce à ses romans qu'il a touché le plus large public. Les intrigues solides qui mettent en présence des héros représentant les forces du bien et du mal permettent à l'auteur de peindre des fresques épiques. L'auteur prend toujours le parti des faibles et des opprimés et met ainsi la société en accusation. Il faut croire que les recettes narratives de Hugo étaient bonnes, puisqu'aujourd'hui encore *Les Misérables* ou *Notre-Dame de Paris* ont fourni le scénario de comédies musicales jouées dans le monde entier.

À SIGNALER André Gide, à qui l'on demandait « quel est le plus grand poète français ? » répondit « Victor Hugo, hélas ! ». Hélas... parce que la réponse ne fait pas de doute et pourtant elle consacre un génie puissant et populaire dans un pays où il aurait aimé voir triompher un artiste élégant et raffiné.

1802 Naissance à Besançon. Son père est commandant et deviendra général.

1822-1826 Il épouse Adèle Foucher : ils auront quatre enfants. Il publie un recueil de poèmes, *Odes* (1822.), et deux romans, *Han d'Islande* (1823) et *Bug Jargal* (1826). Il est monarchiste et catholique.

1827-1830 Théâtre : *Cromwell* (1827), connu pour sa préface, qui est un manifeste anti-classique et romantique ; *Hernani* (1830), qui entraîne une bataille littéraire. Poésie : *Les Orientales* (1829).

1831-1843 Roman : *Notre-Dame de Paris* (1831) ; théâtre : *Marie Tudor* (1833), *Ruy Blas* (1838).

1843-1850 La mort de Léopoldine, sa fille, le désespère. Il renonce un moment à l'écriture, fait de la politique. Il est député de Paris. Défendant des idées sociales, il attaque le futur Napoléon III et doit s'exiler.

1851-1870 À Bruxelles, il écrit un pamphlet : *Napoléon le petit*. Il vit ensuite à Jersey (1852-1855). Poésies : *Les Châtiments* (1853). Il pratique le spiritisme. Il s'installe ensuite à Guernesey (1855-1870). Poésies : *Les Contemplations* (1856), *La Légende des siècles* (1859) *Les Chansons des rues et des bois* (1865). Roman : *Les Misérables* (1862).

1870-1885 Retour en France, devient sénateur. Il est le symbole de la gauche et un écrivain populaire. Poésie : *L'Art d'être grand-père* (1877). Ses funérailles en 1885 sont un événement national.

Jean Valjean au secours de Cosette

La petite Cosette a été confiée à des aubergistes brutaux et avares, les Thénardier, qui l'utilisent comme une domestique. Jean Valjean, le héros du roman, qui a connu la mère de l'enfant, vient voir la fillette. La rencontre se fait dans les bois, où Mme Thénardier l'a envoyée chercher de l'eau.

À peine eut-elle fait cent pas qu'elle s'arrêta encore, et se remit à se gratter la tête. Maintenant, c'était la Thénardier qui lui apparaissait ; la Thénardier hideuse avec sa bouche d'hyène et la colère flamboyante dans les yeux. L'enfant jeta un regard lamentable en avant et en arrière. Que faire ? Que devenir ? Où aller ? Devant elle le spectre de la Thénardier ; derrière elle tous les fantômes de la nuit et des bois. Ce fut devant la Thénardier qu'elle recula. Elle reprit le chemin de la source et se mit à courir. [...]
Tout en courant, elle avait envie de pleurer.
Le frémissement nocturne de la forêt l'enveloppait tout entière. Elle ne pensait plus, elle ne voyait plus. L'immense nuit faisait face à ce petit être. D'un côté, toute l'ombre ; de l'autre, un atome. [...]

Cosette et Jean Valjean par Geoffroy.
Cliché Hachette / musée Victor Hugo.

Il faisait très noir, mais elle avait l'habitude de venir à cette fontaine. Elle chercha de la main gauche dans l'obscurité un jeune chêne incliné sur la source qui lui servait ordinairement de point d'appui, rencontra une branche, s'y suspendit, se pencha et plongea le seau dans l'eau. [...]
Elle retira le seau presque plein et le posa sur l'herbe.
Cela fait, elle s'aperçut qu'elle était épuisée de lassitude. Elle eût bien voulu repartir tout de suite ; mais l'effort de remplir le seau avait été tel qu'il lui fut impossible de faire un pas. Elle fut bien forcée de s'asseoir. Elle se laissa tomber sur l'herbe et y demeura accroupie.
Au-dessus de sa tête, le ciel était couvert de vastes nuages noirs qui étaient comme des pans de fumée. Le tragique masque de l'ombre semblait se pencher vaguement sur cet enfant. Jupiter se couchait dans les profondeurs. [...]
Elle était harassée de fatigue et n'était pas encore sortie de la forêt. Parvenue près d'un vieux châtaignier qu'elle connaissait, elle fit une dernière halte, puis elle rassembla toutes ses forces, reprit le seau et se remit à marcher courageusement. Cependant le pauvre petit être désespéré ne put s'empêcher de s'écrier :
« Ô mon Dieu ! mon Dieu ! »
En ce moment, elle sentit tout à coup que le seau ne pesait plus rien.
Une main, qui lui parut énorme, venait de saisir l'anse et la soulevait vigoureusement. Elle leva la tête. Une grande forme noire, droite et debout, marchait auprès d'elle dans l'obscurité. C'était un homme qui était arrivé derrière elle et qu'elle n'avait pas entendu venir. Cet homme, sans dire un mot, avait empoigné l'anse du seau qu'elle portait.
Il y a des instincts pour toutes les rencontres de la vie.
L'enfant n'eut pas peur.

Les Misérables (1862).

> **OBSERVEZ**
>
> - Il y a dans le texte des éléments très concrets et réalistes, dans la description de la fatigue de l'enfant, par exemple. Il y a aussi des aspects fantastiques : évocation du spectre de la Thénardier, image des nuages qui se penchent sur Cosette.
> - Dans ses dessins à l'encre, Hugo représente le monde avec des contrastes marqués. Il procède de la même façon dans ses romans : « d'un côté toute l'ombre ; de l'autre, un atome ». De la même façon, face aux cruels Thénardier, Cosette symbolise l'innocence et la faiblesse.

Alexandre DUMAS
Le maître du roman historique

1802-1870

Écrivain populaire, Alexandre Dumas est le maître du roman historique. Il s'inspire des périodes mouvementées de l'histoire de France : fin du XVIe siècle pour *La Reine Margot* ; première moitié du XVIIe pour la trilogie *Les Trois Mousquetaires*, *Vingt ans après*, *Le Vicomte de Bragelonne*...

Le lecteur suit les aventures de héros courageux, enthousiastes, généreux, menacés par de puissants et rusés adversaires. Dumas communique à ses héros son dynamisme et son sens de l'humour.

Son génie de scénariste a inspiré de nombreuses séries télévisées et adaptations cinématographiques.

1802 Naissance d'Alexandre Dumas. Son père, général de l'armée, meurt en 1806. Provincial, clerc de notaire à 14 ans, il monte à Paris.

1829 Admirateur de Shakespeare, il écrit d'abord pour le théâtre et connaît le succès avec *Henri III et sa cour*.

1844 Il se lance dans le roman historique à la manière de Walter Scott et connaît un grand succès populaire avec *Le Comte de Monte Cristo* et *Les Trois Mousquetaires*.

1845 Ses romans paraissent sous la forme de feuilletons dans les journaux *Vingt ans après*, *La Reine Margot*, *La Dame de Montsoreau*.

1852 *Le Vicomte de Bragelonne*. Début de la publication des *Mémoires*. Son fils naturel (Alexandre Dumas fils 1824-1895) publie cette année-là *La Dame aux Camélias*.

1870 Après avoir suivi Garibaldi dans l'expédition sicilienne, il meurt ruiné.

À SIGNALER

Dumas est connu pour s'être fait aider de nombreux collaborateurs : c'est lui qui est à l'origine de l'utilisation du mot « nègre » pour désigner une personne qui écrit des ouvrages signés par un écrivain célèbre.

Les Trois Mousquetaires

D'Artagnan arrive à Paris et veut s'engager dans la Compagnie des Mousquetaires du Roi. Il se querelle avec trois d'entre eux et doit soutenir trois duels le même jour.

« C'est avec monsieur que je me bats, dit Athos en montrant de la main d'Artagnan, et en saluant du même geste.
– C'est avec lui que je me bats aussi, dit Porthos.
– Mais à une heure seulement, répondit d'Artagnan.

Le roman feuilleton

Alexandre Dumas représente la littérature populaire à la mode au XIXe siècle qui paraissait en feuilleton dans la presse, comme *Les Mystères de Paris* d'Eugène Sue (1804-1857), *Les Drames de Paris* (avec son héros Rocambole) de Ponson du Terrail (1829-1871), sans compter les œuvres de Balzac et de Zola.

– Et moi aussi, c'est avec monsieur que je me bats, dit Aramis en arrivant à son tour sur le terrain.
– Mais à deux heures seulement, fit d'Artagnan avec le même calme.
– Mais à propos de quoi te bats-tu, toi, Athos ? demanda Aramis.
– Ma foi, je ne sais pas trop, il m'a fait mal à l'épaule ; et toi, Porthos ?
– Ma foi, je me bats parce que je me bats », répondit Porthos en rougissant.

Athos, qui ne perdait rien, vit passer un fin sourire sur les lèvres du Gascon[1].

« Nous avons eu une discussion sur la toilette, dit le jeune homme.
– Et toi, Aramis ? demanda Athos.
– Moi je me bats pour cause de théologie, répondit Aramis [...]
– Et maintenant que vous êtes rassemblés, messieurs, dit d'Artagnan, permettez-moi de vous faire mes excuses. »

À ce mot d'*excuses*, un nuage passa sur le front d'Athos, un sourire hautain glissa sur les lèvres de Porthos, et un signe négatif fut la réponse d'Aramis.

Éditions Calmann-Lévy, 1894. Dessin de Maurice Leloir. Photo Hachette.

« Vous ne me comprenez pas, messieurs, dit d'Artagnan en relevant sa tête, sur laquelle jouait en ce moment un rayon de soleil qui en dorait les lignes fines et hardies, je vous demande excuse dans le cas où je ne pourrais vous payer ma dette à tous trois, car monsieur Athos a le droit de me tuer le premier, ce qui ôte beaucoup de sa valeur à votre créance[2], monsieur Porthos, et ce qui rend la vôtre à peu près nulle, monsieur Aramis. Et maintenant messieurs, je vous le répète, excusez-moi, mais de cela seulement, et en garde ! »

À ces mots, du geste le plus cavalier qui se puisse voir, d'Artagnan tira son épée.

Les Trois Mousquetaires (1844).

Les duels sont interdits. Les gardes arrivent. Le combat est général. D'Artagnan montre sa bravoure. L'amitié entre Porthos, Athos, Aramis et d'Artagnan vient de naître. Les trois mousquetaires sont désormais quatre.

1. D'Artagnan est originaire de Gascogne (sud-ouest de la France). 2. Reconnaissance de dette.

OBSERVEZ

- D'Artagnan a promis à trois personnes de les affronter en duel. Dans chaque cas le motif est très léger : « il m'a fait mal à l'épaule », « je me bats parce que je me bats » (c'est-à-dire sans cause), pour « une discussion sur la toilette ». C'est du roman ; dans la réalité une telle insouciance, de telles coïncidences paraissent impossibles.

- La deuxième partie du texte parle d'un malentendu possible sur le mot « excuse ». Quand il y a offense, deux solutions sont possibles : s'excuser ou se battre en duel. D'Artagnan ne renonce pas à se battre en duel ; il s'excuse par politesse, pour les horaires des duels et pour le fait qu'il ne pourra pas faire tous les duels s'il meurt avant.

Alfred de MUSSET
La mise en scène du mal du siècle

1810-1857

Comme Musset lui-même, ses héros, éternels enfants, éprouvent la difficulté d'affronter l'existence. « Né[s] trop jeune[s] dans un monde trop vieux », ils ne peuvent pas s'accomplir dans leur siècle, dominé par une mentalité bourgeoise platement rationnelle. Ils s'abandonnent à leur douleur, considérant que cette souffrance les grandit : « Rien ne nous rend si grand qu'une grande douleur » ; « Et nul ne se connaît tant qu'il n'a pas souffert ».
Face à l'impossibilité de concevoir un idéal et de se projeter dans l'avenir, deux voies sont possibles : s'abandonner à la douleur, « Frappe-toi le cœur, c'est là qu'est le génie », ce qui s'exprime dans la poésie lyrique ; ou opposer au destin l'attitude ironique du dandy. Ces deux postures contradictoires alternent chez Musset et sont souvent réunies dans un même personnage, dans celui de Lorenzaccio, par exemple.

1828 À dix-huit ans, ses vers le font admettre dans le cénacle romantique. Il est considéré comme un jeune prodige. Mais il est ironique et impertinent, et prend vite ses distances avec l'école romantique.

1830 Théâtre : *La Nuit vénitienne*, échec. Musset décide de publier ses pièces sans les faire jouer. *Un Spectacle dans un fauteuil* (À quoi rêvent les jeunes filles ?).

1833-1834 *Les Caprices de Marianne* (1833), *On ne badine pas avec l'amour* (1834), *Lorenzaccio* (1834). Passion orageuse pour George Sand. Rentre seul d'un voyage à Venise où elle reste avec le médecin qui avait soigné Musset.

1835-1840 *La Confession d'un enfant du siècle* (récit de son aventure amoureuse). Poésies : *Les Nuits* (1837). Théâtre : *Le Chandelier* (1835), *Il ne faut jurer de rien* (1836).

Épuisé par les plaisirs et l'alcoolisme, il n'écrit plus beaucoup après 1850, et meurt oublié en 1857.

À SIGNALER

La personnalité complexe de Musset s'éclaire peut-être par un trouble psychiatrique de dédoublement de la personnalité. Comme le héros de la *Nuit de décembre*, il lui arrivait de voir son double dans une hallucination.

Le romantisme

Dans son sens commun, le mot « romantisme » désigne une attitude mélancolique qui s'exprime par la communion avec la nature. Dans ce sens, Chateaubriand et Lamartine étaient déjà romantiques. Au sens technique, le mot « romantisme » désigne une école littéraire radicalement opposée – en particulier pour ce qui concerne le théâtre – à la doctrine classique, comme l'exprime Victor Hugo dans la préface de sa pièce *Cromwell* (1829) : refus des trois unités (temps, lieu, action), volonté de constituer de grands tableaux historiques, création d'un nouveau genre, le drame, écrit en prose ou avec un alexandrin renouvelé. Appartiennent à cette école, en plus de Hugo, Musset, Théophile Gautier, Stendhal, Sainte-Beuve, George Sand, Nerval…

Les Caprices de Marianne

CŒLIO : J'ai un service à te demander.

OCTAVE : Parle, Cœlio, mon cher enfant. Veux-tu de l'argent ? Je n'en ai plus. Veux-tu des conseils ? Je suis ivre. Veux-tu mon épée ? Voilà une batte[1] d'Arlequin. Parle, parle, dispose de moi.

CŒLIO : Combien de temps cela durera-t-il ? Huit jours hors de chez toi ! Tu te tueras, Octave.

OCTAVE : Jamais de ma propre main, mon ami, jamais ; j'aimerais mieux mourir que d'attenter à mes jours.

CŒLIO : Et n'est-ce pas un suicide comme un autre, que la vie que tu mènes !

OCTAVE : Figure-toi un danseur de corde, en brodequins[2] d'argent, le balancier[3] au poing, suspendu entre le ciel et la terre ; à droite et à gauche, de vieilles petites figures racornies[4], de maigres et pâles fantômes, des créanciers agiles, des parents et des courtisanes, toute une légion de monstres se suspendent à son manteau et le tiraillent de tous côtés pour lui faire perdre l'équilibre ; des phrases redondantes, de grands mots enchâssés cavalcadent[5] autour de lui ; une nuée de prédictions sinistres l'aveugle de ses ailes noires. Il continue sa course légère de l'orient à l'occident. S'il regarde en bas, la tête lui tourne ; s'il regarde en haut, le pied lui manque. Il va plus vite que le vent, et toutes les mains tendues autour de lui ne lui feront pas renverser une goutte de la coupe joyeuse qu'il porte à la sienne[6]. Voilà ma vie, mon cher ami ; c'est ma fidèle image que tu vois.

CŒLIO : Que tu es heureux d'être fou !

OCTAVE : Que tu es fou de ne pas être heureux ! Dis-moi un peu, toi, qu'est-ce qui te manque ?

CŒLIO : Il me manque le repos, la douce insouciance qui fait de la vie un miroir où tous les objets se peignent un instant et sur lequel tout glisse. Une dette pour moi est un remords. L'amour, dont vous autres vous faites un passe-temps, trouble ma vie entière. Ô mon ami, tu ignoreras toujours ce que c'est qu'aimer comme moi ! Mon cabinet d'étude est désert ; depuis un mois j'erre autour de cette maison la nuit et le jour. Quel charme j'éprouve au lever de la lune, à conduire sous ces petits arbres, au fond de cette place, mon chœur modeste de musiciens, à marquer moi-même la mesure, à les entendre chanter la beauté de Marianne ! Jamais elle n'a paru à sa fenêtre ; jamais elle n'est venue appuyer son front charmant sur sa jalousie[7].

Les Caprices de Marianne, I, 1 (1833).

1. Bâton.
2. Dans l'Antiquité, les acteurs comiques portaient de grosses chaussures montantes.
3. Bâton utilisé par les acrobates.
4. Devenues dures, desséchées.
5. Tournent.
6. Dans sa main.
7. Grille posée devant une fenêtre.

OBSERVEZ

- Les deux personnages sont très différents l'un de l'autre : Octave est la fantaisie même (il est ivre et se compare à un équilibriste) ; Cœlio prend la vie au sérieux (l'amour l'occupe complètement, il regrette de ne plus étudier…).

- Les deux personnages sont très semblables (même âge, ils sont de grands amis, leurs répliques ou leurs monologues s'échangent en écho). Ils représentent la figure du double, que l'on trouve dans la plupart des textes de Musset.

Gustave FLAUBERT

« Partir du réalisme pour aller jusqu'à la beauté »

Pour écrire *Bouvard et Pécuchet*, Flaubert consulte 1 500 volumes ; pour décrire l'empoisonnement d'Emma Bovary, il dit avoir le goût de l'arsenic dans la bouche. Cette exactitude ne suffit pas ; il veut que la phrase, dans son roman, soit aussi précise, aussi juste, aussi nécessaire qu'un vers en poésie. « Ce souci de la beauté est pour moi une méthode ». « Ce que je voudrais faire, c'est un livre sur rien ... les œuvres les plus belles sont celles où il y a le moins de matière. » Ses personnages sont médiocres, le thème de l'échec revient dans tous ses romans, il dénonce partout la bêtise de la bourgeoisie, allant même jusqu'à collectionner les sottises dans un *Dictionnaire des idées reçues* ; « Je vomirai sur mes contemporains le mépris qu'ils m'inspirent ». Sa correspondance témoigne des souffrances et aussi des joies que seule lui donnait l'écriture : « Peu d'hommes auront autant souffert que moi pour la littérature », écrit-il.

Réalisme et naturalisme

L'auteur réaliste (Balzac, Flaubert, Maupassant) a le souci de l'exactitude documentaire. Il mène avant d'écrire une enquête approfondie. On trouve dans les romans réalistes de nombreuses descriptions des lieux, des objets et des caractères avec un grand souci du détail. L'écrivain naturaliste (Zola, les frères Goncourt) attache en plus une grande importance à l'hérédité des personnages, et à l'influence de l'environnement sur leur psychologie.

1821-1880

1821 Naissance à l'hôpital (l'hôtel-Dieu) de Rouen, où son père est chirurgien-chef. Il s'enthousiasme, dans sa jeunesse, à la lecture des romantiques. Ses premiers écrits, non publiés, sont des contes fantastiques.

1836 À quinze ans, il rencontre Élisa Schlesinger, pour laquelle il a une adoration discrète et durable. Elle servira de modèle à l'héroïne de *L'Éducation sentimentale*. Il lui enverra sa première lettre d'amour trente-cinq ans plus tard, quand elle aura perdu son mari.

1844 Victime d'une maladie nerveuse, il abandonne ses études de droit et s'installe à Croisset, près de Rouen. Il rencontre Louise Colet, qui deviendra sa maîtresse et avec qui il échangera pendant près de dix ans une correspondance agitée.

1850 Voyage en Orient.

1856 Publication de *Madame Bovary*, suivie d'un procès pour atteinte à la morale. Flaubert est acquitté et devient célèbre.

1858 Voyage en Tunisie afin de se documenter pour *Salammbô* (1862).

1869 Publication de *L'Éducation sentimentale* (commencée en 1864) : échec.

1870-1874 Ennuis de santé, d'argent, mort de ses amis Sainte-Beuve, George Sand, et de sa mère.

1877 *Les Trois Contes* sont salués comme un chef-d'œuvre par Zola et Maupassant.

1880 Il meurt subitement. Publication posthume de *Bouvard et Pécuchet*.

À SIGNALER

Maupassant raconte que Flaubert soumettait tous ses textes à l'épreuve du « gueuloir ». Il déclamait la phrase à pleine voix, « combinait les tons, éloignait les assonances, disposait les virgules avec conscience, comme les haltes d'un long chemin ».

Emma Bovary dans le « grand monde »

Fille d'un cultivateur, mariée à un médiocre officier de santé, Emma rêve de vivre la vie des héroïnes de roman, d'où le terme de « bovarysme » qui désigne aujourd'hui ce type d'illusion. Le couple est invité à une réception chez le marquis de la Vaubyessard. L'émotion d'Emma est très forte, le retour à son existence banale sera difficile.

À trois pas d'Emma, un cavalier en habit bleu causait Italie avec une jeune femme pâle, portant une parure de perles. Ils vantaient la grosseur des piliers de Saint-Pierre, Tivoli, le Vésuve, Castellamare et les Cassines, les roses de Gênes, le Colisée au clair de lune.

Emma écoutait de son autre oreille une conversation pleine de mots qu'elle ne comprenait pas. On entourait un tout jeune homme qui avait battu, la semaine d'avant, *Miss Arabelle* et *Romulus*, et gagné deux mille louis à sauter un fossé en Angleterre. L'un se plaignait de ses coureurs[1] qui engraissaient ; un autre, des fautes d'impression qui avaient dénaturé le nom de son cheval. L'air du bal était lourd ; les lampes pâlissaient. On refluait dans la salle de billard[2]. Un domestique monta sur une chaise et cassa deux vitres ; au bruit des éclats de verre, Mme Bovary tourna la tête et aperçut dans le jardin, contre les carreaux, des faces de paysans qui regardaient. Alors le souvenir des Bertaux lui arriva. Elle revit la ferme, la mare bourbeuse, son père en blouse sous les pommiers, et elle se revit elle-même, comme autrefois, écrémant avec son doigt les terrines de lait dans la laiterie. Mais, aux fulgurations[3] de l'heure présente, sa vie passée, si nette jusqu'alors, s'évanouissait tout entière, et elle doutait presque de l'avoir vécue. Elle était là ; puis, autour du bal, il n'y avait plus que de l'ombre, étalée sur tout le reste. Elle mangeait alors une glace au marasquin[4] qu'elle tenait de la main gauche dans une coquille de vermeil[5], et fermait à demi les yeux, la cuiller entre les dents.

Une dame, près d'elle, laissa tomber son éventail. Un danseur passait.

– Que vous seriez bon, monsieur, dit la dame, de vouloir bien ramasser mon éventail, qui est derrière ce canapé !

Le monsieur s'inclina, et, pendant qu'il faisait le mouvement d'étendre son bras, Emma vit la main de la jeune dame qui jetait dans son chapeau quelque chose de blanc, plié en triangle. Le monsieur, ramenant l'éventail, l'offrit à la dame, respectueusement ; elle le remercia d'un signe de tête et se mit à respirer son bouquet.

Madame Bovary (1856).

1. Ici chevaux de course. 2. Jeu où l'on doit, avec adresse, contrôler le parcours de boules. 3. Images qui donnent le vertige. 4. Sorte de liqueur. 5. Métal précieux.

OBSERVEZ

- Le premier paragraphe montre avec humour à la fois le ridicule des conversations mondaines et l'admiration de l'héroïne par ces beaux parleurs.

- Plusieurs courtes scènes se succèdent dans ce passage : à travers une vitre cassée, Emma aperçoit des paysans et se souvient de sa vie passée ; elle-même, comme si elle appartenait au « grand monde », savoure une glace au marasquin ; elle assiste à une scène galante où une jeune dame glisse un petit mot à un jeune homme.

- Le contraste entre le monde paysan où Emma a vécu et le monde luxueux du bal organise tout le texte. Jeune, elle « écrémait le lait dans l'étable » ; ce soir, comme une dame, elle savoure une glace dans une coquille de vermeil.

- Emma observe la scène galante parce qu'elle aimerait vivre des aventures semblables.

Charles BAUDELAIRE

1821-1867

Le poète maudit : entre spleen et idéal

Selon Baudelaire, le poète est déchiré entre l'aspiration vers la sublime beauté (l'idéal) et le poids de la médiocrité humaine, déchirement exprimé par l'intraduisible mot *spleen*. Le poète, privé de la pureté idéale qui était la sienne à l'origine, cherche à retrouver cette innocence par le souvenir. Les correspondances qui existent entre les sensations visuelles, auditives, olfactives l'aident aussi à retrouver ce monde d'avant la naissance. Ainsi, le poète transforme la laideur, l'ennui, le mal, grâce à l'art. « Tu m'as donné la boue et j'en ai fait de l'or », écrit-il. Le titre *Les Fleurs du mal* exprime la même idée.

1821 Naissance de Baudelaire à Paris. Son père meurt quand l'enfant a six ans. Sa mère se remarie dans l'année avec M. Aupick. Charles se révolte contre cette liaison.

1841 Étudiant en droit, bohème, dandy, il désespère sa famille, qui le fait voyager. Il va en voilier à l'Île Bourbon (aujourd'hui Île de la Réunion). Il en garde le goût de l'exotisme.

1844 Il dépense l'argent de son héritage paternel et doit accepter un conseil judiciaire. Il écrit des critiques d'art dans *Les Salons* ainsi que des poèmes. Il vit une relation durable et orageuse avec Jeanne Duval, une femme métisse.

1852 Après une liaison passagère avec la comédienne Marie Daubrun, il éprouve une admiration amoureuse pour Mme Sabatier, « la Présidente ».

1856 Il traduit les œuvres d'Edgar Poe.

1857 Première édition des *Fleurs du mal*, suivie d'un procès. Six poèmes sont censurés.

1864 Rédige des textes qui constitueront *Les Petits Poèmes en prose* (publiés après sa mort), fume de l'opium. Est frappé de paralysie.

1867 Il meurt, après une longue agonie, à 46 ans.

À SIGNALER

En distinguant l'art et la morale, en donnant la priorité à l'esthétique, en scandalisant les bourgeois par sa vie de bohème, son goût du luxe, son attitude de dandy, ses amours avec Jeanne Duval, la « Vénus noire », sa pratique de l'opium et ses poèmes jugés scandaleux, Baudelaire est le premier poète de la modernité.

L'invitation au voyage

Mon enfant, ma sœur,
Songe à la douceur
D'aller là-bas vivre ensemble !
Aimer à loisir.
Aimer et mourir
Au pays qui te ressemble !
Les soleils mouillés
De ces ciels brouillés
Pour mon esprit ont les charmes
Si mystérieux
De tes traîtres yeux,
Brillant à travers leurs larmes.

Là, tout n'est qu'ordre et beauté,
Luxe, calme et volupté[1].

Des meubles luisants,
Polis par les ans,
Décoreraient notre chambre ;
Les plus rares fleurs

Mêlant leurs odeurs
Aux vagues senteurs de l'ambre[2].
    Les riches plafonds,
    Les miroirs profonds,
La splendeur orientale,
Tout y parlerait
    À l'âme en secret
Sa douce langue natale.

Là, tout n'est qu'ordre et beauté,
Luxe, calme et volupté.

    Vois sur ces canaux
    Dormir ces vaisseaux
Dont l'humeur est vagabonde ;
    C'est pour assouvir[3]

    Ton moindre désir
Qu'ils viennent du bout du monde.
– Les soleils couchants
Revêtent les champs,
Les canaux, la ville entière,
    D'hyacinthe[4] et d'or ;
    Le monde s'endort
Dans une chaude lumière.

Là, tout n'est qu'ordre et beauté,
Luxe, calme et volupté.

Les Fleurs du mal, « Spleen et Idéal » (1857).

1. Très grand plaisir.
2. Parfum précieux.
3. Satisfaire.
4. Pierre précieuse jaune-rouge.

Spleen

Quand le ciel bas et lourd pèse comme un
                                           [couvercle
Sur l'esprit gémissant en proie aux longs ennuis,
Et que de l'horizon embrassant tout le cercle
Il nous verse un jour noir plus triste que les
                                           [nuits ;

Quand la terre est changée en un cachot
                                           [humide,
Où l'Espérance, comme une chauve-souris,
S'en va battant les murs de son aile timide
Et se cognant la tête à des plafonds pourris ;

Quand la pluie étalant ses immenses traînées,
D'une vaste prison imite les barreaux,
Et qu'un peuple muet d'infâmes araignées
Vient tendre ses filets au fond de nos cerveaux,

Des cloches tout à coup sautent avec furie
Et lancent vers le ciel un affreux hurlement,
Ainsi que des esprits errants et sans patrie
Qui se mettent à geindre opiniâtrement[1].

– Et de longs corbillards[2], sans tambours ni
                                           [musique,
Défilent lentement dans mon âme ; l'Espoir,
Vaincu, pleure, et l'Angoisse atroce, despotique,
Sur mon crâne incliné plante son drapeau noir.

Les Fleurs du mal, « Spleen et Idéal », (1857).

OBSERVEZ

- Beaucoup de poèmes expriment l'angoisse, quatre d'entre eux portent le titre « Spleen » évoquant un ennui proche du désespoir. « L'Invitation au voyage » exprime au contraire le bonheur. L'esprit ne se sent pas prisonnier du monde, il est libre, l'espace s'ouvre devant lui.

- Dans « L'Invitation au voyage », le monde idéal est rêvé et le monde présent n'est pas entièrement satisfaisant (« ciels brouillés » ; « traîtres yeux » ; « larmes »). La deuxième strophe exprime les correspondances qui existent entre les sens (parfums, beauté des objets, regard, toucher). Elle évoque le souvenir du paradis perdu où vivait le poète avant la naissance (« à l'âme en secret »/« sa douce langue natale »). Baudelaire était critique d'art : le souvenir des peintres hollandais et de leurs tableaux marque la dernière strophe.

- Dans « Spleen », la répétition de *Quand* au début des strophes associée aux images d'enfermement montre l'angoisse croissante du poète. Le déchaînement des cloches et des esprits entraîne une destructuration des vers. Le rythme apaisé du dernier vers traduit la victoire finale du sentiment de la mort.

1. Avec acharnement.
2. Voiture qui transporte les morts.

32 Jules VERNE

**Le romancier de la science :
de l'enthousiasme à l'inquiétude**

Bien que romancier à succès, Jules Verne est considéré en France comme un auteur secondaire. Ses premiers romans expriment l'optimisme créé par les progrès de la science. Les romans de la fin de sa vie sont plus sombres ; on y sent la peur de voir l'homme se détruire par l'utilisation guerrière de la science. Autodidacte en sciences, ce romancier d'anticipation développe surtout une interprétation mythique du voyage (voyages extraordinaires : aller dans la lune, au fond des mers, au centre de la terre). Sous son aspect scientifique, Jules Verne est un visionnaire et un rêveur.

1828-1905

1828 Naissance à Nantes, dans une famille d'armateurs.

1848-1850 Écrit des pièces de théâtre. Rencontre des voyageurs et des géographes. S'intéresse à la physique et aux mathématiques.

1856 Il devient agent de change, joue en bourse et fait représenter ses pièces au théâtre.

1863-1886 Succès de son premier roman, *Cinq semaines en ballon*, publié par l'éditeur Hetzel avec qui il signe un contrat pour deux volumes par an pendant vingt ans. Période de gloire : *Voyage au centre de la terre* (1864), *De la Terre à la Lune* (1865), *Vingt mille lieues sous les mers* (1869), *Le Tour du monde en quatre-vingts jours* (1873), *L'Île mystérieuse* (1874), *Michel Strogoff* (1876).

1886-1905 Son inspiration devient plus pessimiste, il publie *Le Château des Carpathes* (1892). Georges Méliès tourne en 1902 *Le Voyage de la Terre à la Lune*. Victime d'un accident, Jules Verne se fixe à Amiens. Il meurt en 1905.

Le Tour du monde en quatre-vingts jours

L'horloge marquait huit heures quarante-cinq, quand il parut dans le grand salon ...
Phileas Fogg avait accompli ce tour du monde en quatre-vingts jours ! ...
Phileas Fogg avait gagné son pari de vingt mille livres !
Et maintenant, comment un homme si exact, si méticuleux, avait-il pu commettre cette erreur de jour ? Comment se croyait-il au samedi soir, 21 décembre, quand il débarqua à Londres, alors qu'il n'était qu'au vendredi, 20 décembre, soixante-dix-neuf jours seulement après son départ ?
Voici la raison de cette erreur. Elle est fort simple.
Phileas Fogg avait, « sans s'en douter », gagné un jour sur son itinéraire, – et cela uniquement parce qu'il avait fait le tour du monde en allant vers l'est, et il eût, au contraire, perdu ce jour en allant en sens inverse, soit vers l'ouest. [...]
Ainsi donc Phileas Fogg avait gagné son pari. Il avait accompli en quatre-vingts jours ce voyage autour du monde ! Il avait employé pour ce faire tous les moyens de transport, paquebots, railways, voitures, yachts, bâtiments de commerce, traîneaux, éléphants. L'excentrique gentleman avait déployé dans cette affaire ses merveilleuses qualités de sang-froid et d'exactitude.

Le Tour du monde en quatre-vingts jours (1873).

O B S E R V E Z

- L'explication scientifique (ici, le décalage horaire) fait partie de la solution du roman d'aventures.
- À l'époque du développement des chemins de fer, l'utilisation de tous les moyens de déplacement sur terre et sur mer diminue la dimension subjective du monde. Les temps modernes sont annoncés.

33 Stéphane MALLARMÉ

L'aventure métaphysique

Mallarmé a la réputation d'être un poète hermétique, c'est-à-dire très difficile à comprendre. Lui-même avoue vouloir faire une œuvre d'accès difficile. Fasciné par le « Rien qui est la vérité », déchiré entre le monde réel et l'aspiration vers l'absolu, sa recherche est à la fois littéraire et métaphysique. Il veut, à travers le langage, exprimer l'essence des choses et traduire la nécessité du monde. Toute son œuvre constitue une réflexion sur le langage. Il ouvre une nouvelle ère à l'écriture.

À SIGNALER

À côté de ses tentatives pour créer « l'œuvre pure », Mallarmé écrivait pour gagner de l'argent, dans *La Dernière Mode*, des articles sur la toilette et autres sujets légers, qu'il signait Miss Satin, Marguerite de Ponty, etc..

Brise marine

La chair[1] est triste, hélas ! et j'ai lu tous les livres.
Fuir ! là-bas, fuir ! Je sens que des oiseaux sont ivres
D'être parmi l'écume inconnue et les cieux !
Rien, ni les vieux jardins reflétés par les yeux
Ne retiendra ce cœur qui dans la mer se trempe
Ô nuits ! ni la clarté déserte de ma lampe
Sur le vide papier que la blancheur défend,
Et ni la jeune femme allaitant son enfant.
Je partirai ! Steamer[2] balançant ta mâture[3]
Lève l'ancre pour une exotique nature !

Un Ennui, désolé par les cruels espoirs,
Croit encore à l'adieu suprême des mouchoirs[4] !
Et, peut-être, les mâts, invitant les orages
Sont-ils de ceux qu'un vent penche sur les naufrages
Perdus, sans mâts, sans mâts, ni fertiles îlots ...
Mais, ô mon cœur, entends le chant des matelots !

Poésies (1865).

1. Plaisirs physiques.
2. Bateau à vapeur.
3. Ensemble des mâts d'un bateau.
4. On saluait les voyageurs en agitant son mouchoir.

1842-1898

1842 Naissance à Paris. Il a cinq ans quand sa mère meurt. Études au lycée de Sens.

1863 Il devient professeur d'anglais. Il exerce ce métier dans plusieurs villes de province (Tournon, Besançon, Avignon).

1864 Commence à écrire *Hérodiade*, long dialogue en vers, puis *L'Après-midi d'un faune*.

1866 Ses premiers poèmes paraissent dans la revue *Le Parnasse Contemporain* qui publie également Leconte de Lisle, Baudelaire et Verlaine.

1871 Nommé à Paris.

1874 Devenu un maître de la génération symboliste, il reçoit régulièrement des écrivains dans son salon, rue de Rome.

1887 Publie ses *Poésies complètes*.

1884 Debussy fait une transposition musicale de *L'Après-midi d'un faune*.

1897 Fait paraître « Un coup de dés jamais n'abolira le hasard ... », poème dans lequel l'organisation du temps et de l'espace est extrêmement étudiée.

1898 Il meurt à cinquante-six ans.

OBSERVEZ

- Le poète ressent un dégoût pour la réalité quotidienne. Tout son environnement est vu de manière négative : les plaisirs physiques et intellectuels, la vue des paysages, la présence de la femme et de l'enfant, la difficulté d'écrire.

- L'ailleurs et l'imaginaire, symbolisés par les oiseaux puis un bateau, attirent le poète.

- Stylistiquement, c'est l'utilisation très personnelle de la négation qui est ici remarquable. Les constructions négatives et les termes exprimant le manque sont nombreux. L'impulsion vers un départ souhaité s'exprime par l'emploi de verbes à l'impératif et par des exclamations.

34 Émile ZOLA

Un souffle épique

© Explorer Archives.

La série des *Rougon-Macquart* repose sur la théorie de l'hérédité : l'auteur suit, dans les vingt volumes, les cinq générations d'une même famille, en montrant l'importance des déterminismes génétiques et sociaux sur l'évolution des personnages. L'école naturaliste est née.

Mais le génie de Zola a complètement dépassé le cadre de cette démonstration. Porte-parole des mineurs, des ouvriers, de tous les opprimés de la société capitaliste triomphante, il réussit particulièrement bien à suggérer la formation d'une âme collective.

Zola sait utiliser les lieux et les objets comme symboles des forces parmi lesquelles l'homme évolue : les grands magasins expriment leurs exigences dans *Au bonheur des dames*, la locomotive apparaît comme une compagne sensible dans *La Bête humaine*, la mine du Voreux est la bouche d'un monstre dévorant dans *Germinal*.

Un souffle épique traverse cette fresque sociale et populaire qui se voulait scientifique.

1840-1902

1840 Naissance à Paris d'Émile Zola, d'un père ingénieur émigré italien. La famille Zola s'installe à Aix-en-Provence (1843).

1847 Décès du père d'Émile. La famille monte à Paris.

1862 Il travaille comme employé chez Hachette puis dans divers journaux.

1867 *Thérèse Raquin*, premier roman.

1869 Émile Zola prend parti contre l'Empire.

1870-1893 Publication des 20 romans de la série des *Rougon-Macquart, Histoire naturelle et sociale d'une famille sous le Second Empire* : *L'Assommoir* (1877), *Pot-Bouille* (1882), *Germinal* (1885), *La Bête humaine* (1890)…

1898 Lettre ouverte « J'accuse », pour la défense de Dreyfus, officier juif injustement accusé de trahison. Grâce à son intervention, il y aura une révision du procès. Zola doit s'enfuir en Angleterre.

1902 Mort d'Émile Zola après 24 échecs à l'Académie française. Son enterrement est suivi par une foule énorme.

1906 Réhabilitation de Dreyfus.

1908 Émile Zola entre au Panthéon.

À SIGNALER

Émile Zola est mort asphyxié par un feu de cheminée dans des conditions assez obscures et on a soupçonné, sans que cela ait jamais pu être prouvé, qu'il s'agissait d'un assassinat commis par ses ennemis politiques. Cinquante ans plus tard, un entrepreneur déclarera avoir bouché la cheminée pour « faire une farce » !

Du pain, du pain …

Formidable créateur de foules, Zola montre la force du peuple en grève quand il marche pour réclamer du pain.

Les femmes avaient paru, près d'un millier de femmes, aux cheveux épars[1] dépeignées par la course, aux guenilles[2] montrant la peau nue, des nudités de femelles lasses d'enfanter des meurt-de-faim. Quelques-unes tenaient leur petit entre les bras, le soulevaient, l'agitaient ainsi qu'un drapeau de deuil et de vengeance. D'autres, plus jeunes, avec des gorges gonflées de guerrières, brandissaient[3] des bâtons ; tandis que les vieilles, affreuses, hurlaient si fort que les cordes de leurs cous décharnés semblaient se rompre. Et les hommes déboulèrent[4] ensuite, deux mille furieux, [...] une masse compacte qui roulait d'un seul bloc, serrée, confondue, au point qu'on ne distinguait ni les culottes déteintes ni les tricots de laine en loques, effacés dans la même uniformité terreuse. Les yeux brûlaient, on voyait seulement les trous des bouches noires, chantant « La Marseillaise »[5], dont les strophes se perdaient en un mugissement confus, accompagné par le claquement des sabots sur la terre dure. Au-dessus des têtes, parmi le hérissement des barres de fer, une hache passa, portée toute droite : et cette hache unique, qui était comme l'étendard de la bande, avait, dans le ciel clair, le profil aigu d'un couperet de guillotine.

« Quels visages atroces ! », balbutia Mme Hennebeau[6]. [...]

C'était la vision rouge de la révolution qui les emporterait tous, fatalement, par une soirée sanglante de cette fin de siècle. Oui, un soir, le peuple lâché, débridé[7], galoperait ainsi sur les chemins ; et il ruissellerait du sang des bourgeois, il promènerait des têtes, il sèmerait l'or des coffres éventrés.

Les femmes hurleraient, les hommes auraient ces mâchoires de loups, ouvertes pour mordre. Oui, ce seraient les mêmes guenilles, le même tonnerre de gros sabots, la même cohue effroyable, de peau sale, d'haleine empestée, balayant le vieux monde, sous leur poussée débordante de barbares. [...] Il n'y aurait plus rien, plus un sou des fortunes, plus un titre des situations acquises, jusqu'au jour où une nouvelle terre repousserait peut-être. Oui, c'étaient ces choses qui passaient sur la route, comme une force de la nature, et ils en recevraient le sang au visage.

Un grand cri s'éleva, domina « La Marseillaise » : « Du pain ! Du pain ! Du pain ! ».

Germinal, V, 5 (1885).

Album du *Chat noir*, 1885, illustré par H. Rivière. Cliché Hachette / Photo B. N.

1. En désordre.
2. Vêtements sales et déchirés.
3. Levaient d'un geste menaçant.
4. Descendirent rapidement (familier).
5. Hymne national français.
6. Femme du directeur de la mine.
7. Sans contrainte, sans retenue.

OBSERVEZ

- Les objets prennent vie. La hache brandie est grandie et devient couperet de la guillotine.
- La misère montrée avec l'art de Zola devient belle.
- Les dernières lignes justifient le titre du roman : « une nouvelle terre repousserait » évoque la germination des graines.
- À la peinture de la foule en mouvement succède l'hallucination prophétique : la révolution en marche.

35 Paul VERLAINE
« La chanson grise où l'Indécis au Précis se joint »

1844-1896

Son « art poétique » s'ouvre sur l'affirmation qu'en poésie ce qui compte c'est « de la musique avant toute chose ». La musique de Verlaine ressemble plus à celle d'Érik Satie qu'à celle de Berlioz ou de Beethoven. Sous un air négligé, avec des rythmes proches de la prose, son harmonie naît de légères irrégularités et de subtiles discordances. Le jeu des sonorités, qui rompt avec la symétrie et la régularité classiques, expriment les états d'âme mélancoliques, les moments indécis, l'équilibre instable entre la douceur et la tristesse.

En proie à des conflits intérieurs violents (amour pour sa femme et passion pour Rimbaud ; aspiration vers la religion en même temps qu'alcoolisme et débauche), Verlaine a donné à la littérature française ses poèmes les plus fluides, les plus subtils, les plus élégants.

À SIGNALER

En 1874 paraissent *Romances sans paroles* (300 exemplaires) de Verlaine. La même année, Manet fait scandale avec sa toile *Impression, soleil levant* qui donnera son nom au mouvement impressionniste. Chez l'un comme chez l'autre, la fusion d'un état d'âme et d'un paysage aboutit à l'expression de la sensation pure.

1844 Naissance à Metz. Son père est officier. Famille aisée. Après son baccalauréat, il devient employé à la ville de Paris.

1866 Il publie *Poèmes saturniens*, expression de sa tristesse. Il s'est mis à boire (1863), son père meurt (1865), sa cousine Élisa, son premier amour, meurt (1867). Dans des crises dues à l'alcool, il brutalise sa mère (1869).

1869 *La Bonne Chanson, Fêtes galantes.* Il se marie (1870).

1871-1873 Rencontre passionnée et violente avec Rimbaud. À Bruxelles, Rimbaud veut le quitter, Verlaine tire sur lui, le blesse légèrement, est condamné à deux ans de prison (1873-1874). *Romances sans paroles* (1873). Souffrance, regrets, retour à la religion, il écrit des poèmes mystiques.

1875-1881 Liaison avec Lucien Létinois. Il est professeur de français en Angleterre et d'anglais en France, en Champagne. *Sagesse* (1881).

1885-1896 Alcoolisme, excès, prison pour avoir battu sa mère. Après la mort de sa mère (1886) fait de nombreux séjours dans les hôpitaux. *Jadis et naguère* (1885), *Parallèlement* (1889). Sacré prince des poètes (1894), il meurt dans la misère (1896).

Chanson d'automne

Les sanglots longs
Des violons
   De l'automne
Blessent mon cœur
D'une langueur
   Monotone

Tout suffocant
Et blême, quand
   Sonne l'heure,
Je me souviens
Des jours anciens
Et je pleure,

Et je m'en vais
Au vent mauvais
   Qui m'emporte
Deçà, delà,
Pareil à la
   Feuille morte

Poèmes saturniens (1866).

Clair de lune

Votre âme est un paysage choisi
Que vont charmant masques et bergamasques[1],
Jouant du luth[2], et dansant, et quasi
Tristes sous leurs déguisements fantasques[3].

Tout en chantant sur le mode mineur
L'amour vainqueur et la vie opportune[4],
Ils n'ont pas l'air de croire à leur bonheur
Et leur chanson se mêle au clair de lune,

Au calme clair de lune triste et beau,
Qui fait rêver les oiseaux dans les arbres
Et sangloter d'extase les jets d'eau,
Les grands jets d'eau sveltes parmi les marbres.

Fêtes galantes (1869).

Verlaine et Rimbaud, tableau de Fantin-Latour, *Un coin de table*, musée d'Orsay, Cliché Hachette.

1. Danse originaire de Bergame en Italie.
2. Instrument de musique à cordes.
3. De fantaisie.
4. Favorable, agréable.

Art poétique

De la musique avant toute chose,
Et pour cela préfère l'Impair,
Plus vague et plus soluble dans l'air,
Sans rien en lui qui pèse ou qui pose.

Il faut aussi que tu n'ailles point
Choisir tes mots sans quelque méprise :
Rien de plus cher que la chanson grise
Où l'Indécis au Précis se joint.

C'est des beaux yeux derrière des voiles,
C'est le grand jour tremblant de midi,
C'est, par un ciel d'automne attiédi,
Le bleu fouillis des claires étoiles !

Car nous voulons la Nuance encor,
Pas la Couleur, rien que la nuance !
Oh ! la nuance seule fiance
Le rêve au rêve et la flûte au cor ! [...]

De la musique encore et toujours !
Que ton vers soit la chose envolée
Qu'on sent qui fuit d'une âme en allée
Vers d'autres cieux à d'autres amours.

Que ton vers soit la bonne aventure
Éparse au vent crispé[1] du matin
Qui va fleurant[2] la menthe et le thym...
Et tout le reste est littérature.

Jadis et naguère (1885).

1. Sans puissance. 2. Qui sent bon.

OBSERVEZ

Chanson d'automne

- L'alternance des vers de trois et quatre syllabes (« de l'automne », « monotone ») crée une légère irrégularité musicale. Des audaces (vers qui se termine par « quand », ou l'article « la ») renforcent ces discordances. Plus que le sens, c'est la musique qui compte dans ce poème qui commence sur une évocation du violon. La répétition de sons proches crée l'harmonie.

- Le regret du passé, l'angoisse d'être emporté vers un destin incertain, l'amertume de se sentir abandonné, provoquent une tristesse en accord avec l'impression produite par l'automne.

Clair de lune

- Remarquez le rapprochement de l'âme et du paysage.

- Tout ici est mêlé : gaîté et tristesse, légèreté et pesanteur, vivacité et fixité. La beauté naît de cette ambiguïté.

Art poétique

- Verlaine critique les règles rhétoriques habituelles qui risquent de provoquer un sentiment de lourdeur.

- Il recherche des impressions subtiles : louange de l'approximation (méprise), de la nuance, des contrastes (« Indécis » / « Précis » ; « fouillis » / « claires » ; « Nuance » / « Couleur » ; « flûte » / « cor »...).

Arthur RIMBAUD

Poète de la révolte, figure mythique de la jeunesse

1854-1891

Rimbaud est une figure mythique. À vingt et un ans, il cesse d'écrire et ne s'intéressera plus jamais à la poésie. L'explosion précoce de son génie, la révolte qu'il exprime et la brièveté de sa carrière en font le symbole de la jeunesse.

En poésie, il dit son refus de la médiocrité du monde et cherche un absolu. Cette recherche l'amène à s'habituer aux hallucinations, aux visions déformées de la réalité qui se confond avec l'hallucination des mots. Par ces vertiges, le poète se donne des pouvoirs surnaturels qui font de lui un voyant. La voie est ouverte pour le surréalisme.

À SIGNALER

Les poèmes les plus connus de Rimbaud sont ceux de la première période (« Le Dormeur du val », « Ma Bohème »), qui sont faciles à lire et n'ont pas encore la marque propre du poète. Celle-ci est plus nette dans *Les Illuminations*, quand le langage poétique devient une voie d'accès à la connaissance.

1854 Naissance à Charleville (près de la frontière belge). Excellentes études, fugues (il s'enfuit de chez lui) ; adolescent révolté.

1870-1871 Encouragé par son professeur de littérature, il écrit des poèmes qu'il reniera plus tard. Il envoie ses poèmes à Verlaine *(Poésies)*, qui l'invite à venir à Paris. Il écrit ses théories poétiques dans *Lettres du voyant*.

1872-1873 Verlaine est jeune marié, il a 27 ans ; il se passionne pour Rimbaud. Ils vivent ensemble en Belgique et en Angleterre. Vie errante, relations passionnelles. Quand Rimbaud annonce à Verlaine qu'il veut le quitter, ce dernier le blesse de deux coups de pistolet. *Derniers Vers* (1872) ; *Une saison en enfer* (1873).

1875 Échec ; rupture avec Verlaine. *Les Illuminations* (1875). Il a vingt et un ans ; il renonce à la poésie et voyage en Europe. Vie d'aventures (s'engage dans l'armée hollandaise puis s'enfuit) : Autriche, Allemagne.

1880 S'installe en Arabie (Aden) puis en Abyssinie (Harrar). Il fait des affaires et accompagne des caravanes.

1891 Atteint d'une tumeur à la jambe, il rentre en France. Amputé de la jambe à Marseille, il meurt quelques mois plus tard.

Conception de la poésie

Je dis qu'il faut être *voyant*, se faire *voyant*.
Le poète se fait *voyant* par un long, immense et raisonné *dérèglement de tous les sens*. Toutes les formes d'amour, de souffrance, de folie ; il cherche lui-même, il épuise en lui tous les poisons, pour n'en garder que les quintessences. Ineffable torture où il a besoin de toute la foi, de toute la force surhumaine, où il devient entre tous le grand malade, le grand criminel, le grand maudit, – et le suprême Savant ! – Car il arrive à *l'inconnu* ! Puisqu'il a cultivé son âme, déjà riche, plus qu'aucun ! Il arrive à l'inconnu, et quand, affolé, il finirait par perdre l'intelligence de ses visions, il les a vues ! Qu'il crève dans son bondissement par les choses inouïes et innommables : viendront d'autres horribles travailleurs ; ils commenceront par les horizons où l'autre s'est affaissé !

Rimbaud, Lettre à Paul Demeny, 15 mai 1871.

Sensation

Par les soirs bleus d'été, j'irai dans les sentiers,
Picoté par les blés, fouler l'herbe menue :
Rêveur, j'en sentirai la fraîcheur à mes pieds.
Je laisserai le vent baigner ma tête nue.

Je ne parlerai pas, je ne penserai rien :
Mais l'amour infini me montera dans l'âme,
Et j'irai loin, bien loin, comme un bohémien,
Par la nature, – heureux comme avec une femme.

Poésies (mars 1870).

Alchimie du verbe

À MOI. L'histoire d'une de mes folies.

Depuis longtemps je me vantais de posséder tous les paysages possibles, et trouvais dérisoires[1] les célébrités de la peinture et de la poésie moderne.

J'aimais les peintures idiotes, dessus de portes, décors, toiles de saltimbanques, enseignes, enluminures populaires ; la littérature démodée, latin d'église, livres érotiques sans orthographe, romans de nos aïeules, contes de fées, petits livres de l'enfance, opéras vieux, refrains niais, rythmes naïfs.

Je rêvais croisades, voyages de découvertes dont on n'a pas de relations, républiques sans histoires, guerres de religion étouffées, révolutions de mœurs, déplacements de races et de continents : je croyais à tous les enchantements.

J'inventai la couleur des voyelles ! – *A* noir, *E* blanc, *I* rouge, *O* bleu, *U* vert. – Je réglai la forme et le mouvement de chaque consonne, et, avec des rythmes instinctifs, je me flattai d'inventer un verbe poétique accessible, un jour ou l'autre, à tous les sens. Je réservais la traduction.

Ce fut d'abord une étude. J'écrivais des silences, des nuits, je notais l'inexprimable. Je fixais des vertiges.

Une saison en enfer (1873).

1. Sans importance.

OBSERVEZ

Sensation

- Rimbaud a seize ans quand il écrit ce poème de bonheur. La forme est classique, mais l'état d'esprit de liberté, de vagabondage, de bohème est déjà présent.

- Ce poème est un éloge de la sensation, qui sera plus tard le déclencheur des délires et hallucinations voulus par le poète.

Alchimie du verbe

- La théorie poétique de Rimbaud s'exprime ici : « noter l'inexprimable », « fixer des vertiges », grâce à l'invention « d'un verbe poétique accessible ».

- L'esprit poétique consiste à une déformation de la vision. D'une part, les objets les plus naïfs apparaissent comme des œuvres d'art (ce que redécouvrira Dubuffet, un siècle plus tard), d'autre part, la déformation de la réalité est organisée : rôle primordial donné au rêve et aux éléments du langage (la couleur des voyelles).

37 Guy de MAUPASSANT

1850-1893

Le maître de la nouvelle : la fascination du mal, l'expression de la folie

Bien qu'appartenant à l'école naturaliste, Maupassant n'est pas l'homme des abondantes documentations ni des minutieuses descriptions. C'est le spécialiste du coup d'œil aigu, implacable, qui met au jour la vérité profonde des êtres ou des milieux sociaux. Une anecdote, prise souvent dans un fait divers, quelques traits caractéristiques, voilà les éléments qui lui sont nécessaires pour construire des récits courts, secs, mordants, bien structurés et apparemment simples. « Je porte en moi cette seconde vue qui est en même temps la force et toute la misère des écrivains. J'écris parce que je comprends et je souffre de tout ce qui est parce que je le connais trop » *(Sur l'eau)*. Maupassant est sensible au mal sous toutes ses formes. Il hait son époque. Il montre les horreurs de la guerre. Il décrit la mesquinerie, l'avarice, la lâcheté, l'égoïsme des paysans normands, des bourgeois, des petits employés. Seules les prostituées font, selon lui, preuve d'un peu d'humanité. Le mal, il le ressent également dans l'obsession et la folie qui créent chez les êtres angoisse, désir de meurtre ou de suicide. Ses hallucinations ont inspiré à Maupassant des récits fantastiques célèbres comme *Le Horla*.

1850-1870 Élève par sa mère (cultivée et dépressive, abandonnée par un mari infidèle), Maupassant jeune vit avec bonheur dans la campagne normande, avant de connaître le lycée et le séminaire.

1870 Il fait la guerre dans l'Intendance.

1872-1875 Il a un petit emploi au ministère de la Marine. Voit souvent Flaubert, qui le conseille et lui fait rencontrer Mallarmé, Tourgueniev, Zola. Fait de longues séances de canotage sur la Seine.

1875-1885 Production de son œuvre : six romans [dont *Une vie* (1883) et *Bel Ami* (1885)], des contes, 300 nouvelles dont *Boule de suif* (1875), *La Maison Tellier* (1881), *Mademoiselle Fifi*, *La Parure* (1882), *Miss Harriett*. La série la plus connue a été regroupée sous le titre des « Contes de la bécasse » (1883). Il est célèbre et riche, mais dès 1884, atteint de syphilis, il souffre nerveusement (excès physiques, éthéromane).

1887 *Le Horla*, récit où s'expriment son angoisse et ses hallucinations.

1892 Atroces souffrances, tentative de suicide ; hospitalisé, il meurt en 1893.

À SIGNALER Les relations entre parents et enfants sont montrées de façon généralement tragique. Il y a souvent refus de l'enfant, rejet du bâtard ou infanticide. S'il vit, cet être non désiré devient un raté ou un criminel et l'auteur donne à penser que la vie ainsi donnée a été une malédiction (*Un Fils*, *L'Abandonné*, *Un Parricide*, *L'Orphelin*, *Le Petit*, etc.).

Aux champs

Deux chaumières étaient côte à côte. [...] Les deux mères distinguaient à peine leurs produits dans le tas ; et les deux pères confondaient tout à fait.

Une femme riche sans enfant veut en adopter un, elle s'approche des paysans.

Ils étaient là, en train de fendre du bois pour la soupe : ils se redressèrent tout surpris,

donnèrent des chaises et attendirent. Alors la jeune femme, d'une voix entrecoupée, tremblante, commença :
« Mes braves gens, je viens vous trouver parce que je voudrais bien... je voudrais bien emmener avec moi votre... votre petit garçon. »
« Vous voulez nous prend'e Charlot ? Ah ! ben non, pour sûr. »
Alors M. d'Hubières intervint :
« Ma femme s'est mal expliquée. Nous voulons l'adopter, mais il reviendra vous voir. S'il tourne bien, comme tout porte à le croire, il sera notre héritier. Si nous avions, par hasard, des enfants, il partagerait également avec eux. Mais s'il ne répondait pas à nos soins, nous lui donnerions, à sa majorité, une somme de vingt mille francs, qui sera immédiatement déposée en son nom chez un notaire. Et, comme on a aussi pensé à vous, on vous servira jusqu'à votre mort une rente de cent francs par mois. Avez-vous bien compris ? »
La fermière s'était levée, toute furieuse.
« Vous voulez que j'vous vendions Charlot ? Ah ! mais non ; c'est pas des choses qu'on d'mande à une mère, ça ! Ah ! mais non ! Ce serait une abomination. » [...]

Les Tuvache refusent de vendre leur enfant mais les Vallin acceptent.

Il prenait vingt et un ans, quand, un matin, une brillante voiture s'arrêta devant les deux chaumières. Un jeune monsieur, avec une chaîne de montre en or, descendit, donnant la main à une vieille dame aux cheveux blancs. La vieille dame lui dit :
« C'est là, mon enfant, à la seconde maison. »
Et il entra comme chez lui dans la maison des Vallin.
La vieille mère lavait ses tabliers ; le père, infirme, sommeillait près de l'âtre. Tous deux levèrent la tête, et le jeune homme dit :
« Bonjour, papa ; bonjour, maman. »
Ils se dressèrent, effarés. La paysanne laissa tomber d'émoi son savon dans son eau et balbutia :
« C'est-i té, m'n éfant ? C'est-i té, m'n éfant ? »
Il la prit dans ses bras et l'embrassa, en répétant : « Bonjour, maman. » [...]
Charlot, debout sur le seuil de sa chaumière, le regardait passer.
Le soir, au souper, il dit aux vieux :
« Faut-i qu'vous ayez été sots pour laisser prendre le p'tit aux Vallin ! »
Sa mère répondit obstinément :
« J'voulions point vendre not'éfant ! »
Le père ne disait rien.
Le fils reprit :
« C'est-i pas malheureux d'être sacrifié comme ça ! »
Alors le père Tuvache articula d'un ton coléreux :
« Vas-tu pas nous r'procher d't'avoir gardé ? »
Et le jeune homme, brutalement :
« Oui, j'vous le r'proche [...]. Des parents comme vous, ça fait l'malheur des éfants.

« Aux champs », *Contes de la bécasse* (1883).

OBSERVEZ

- Les dialogues sont une transcription écrite du parler normand de la campagne.
- Les Tuvache gardent leur fils et en font un malheureux. Les Vallin le vendent, et grâce à cette opération d'argent font le bonheur de la femme riche, de leur famille et de l'enfant. C'est l'acte intéressé et contraire à la morale sociale qui réussit.
- Chaque personnage vit avec son obsession. Les êtres restent dans leur solitude et ne communiquent pas entre eux.

38 Georges FEYDEAU

Un théâtre où le rire est provoqué de façon « mécanique »

1862-1921

Feydeau écrit des vaudevilles, c'est-à-dire des pièces comiques dont l'humour repose sur le jeu de l'intrigue et du quiproquo. Il provoque un rire qui, selon la définition du philosophe Bergson, est « du mécanique plaqué sur du vivant ». Ce n'est pas un humour psychologique. Les personnages se retrouvent inévitablement dans des situations burlesques parfaitement réglées. « Je possède ma pièce comme un joueur d'échec son damier », disait Feydeau.

À SIGNALER

Feydeau accompagne le texte de ses pièces de nombreuses notes : précisions sur le décor, les objets, les déplacements et les gestes des personnages. Tout joue un rôle dans la mécanique du comique. Feydeau se déplaçait en province et à l'étranger pour surveiller la mise en scène de ses pièces.

1862 Fils d'un auteur dramatique, il s'oriente très jeune vers l'écriture théâtrale, encouragé par Eugène Labiche*.

1886 Premier succès avec *Tailleurs pour dames*. Il écrira, à partir de cette date, environ une pièce par an.

1892-1909 Période de succès. Il est traduit en plus de dix langues et joué dans toute l'Europe. *Un fil à la patte* (1894), *Le Dindon* (1896), *La Dame de chez Maxim* (1899)**, *La Puce à l'oreille* (1907).

1909-1914 Il se sépare de sa femme et, malgré des droits d'auteur très importants, a des besoins d'argent répétés à cause du jeu et de la Bourse. Il écrit des pièces en un acte, *Feu la mère de Madame* (1908), *On purge bébé* (1910), *Occupe-toi d'Amélie* (1908) et des comédies avec beaucoup de personnages : *Mais n'te promène donc pas toute nue* (1912).

1919-1921 Interné pour troubles de la folie, il meurt en 1921.

* Eugène Labiche (1815-1888) est, comme Feydeau et avant lui, auteur de vaudevilles : *Un chapeau de paille d'Italie* (1851), *Le Voyage de M. Perrichon* (1860), *La Cagnotte* (1864). Ces pièces sont au répertoire de la Comédie Française et encore jouées aujourd'hui.

** Cette pièce a connu plus de mille représentations jusqu'à nos jours.

La Dame de chez Maxim

Mongicourt réveille son ami Petypon à midi. Ils s'aperçoivent que Petypon est rentré chez lui la nuit en compagnie d'une danseuse du Moulin Rouge, la môme[1] Crevette. Ils la cachent, avant l'entrée en scène de Mme *Petypon. Celle-ci aperçoit la robe de la danseuse.*

Mme PETYPON, *à droite de la chaise, avisant les vêtements*. – Ah ! Qu'est-ce que c'est que ça, qui est sur cette chaise ?

PETYPON, *à gauche de la chaise*. – Quoi ?

Mme Petypon, *prenant les vêtements.* – Cette étoffe ? ... on dirait une robe !

Petypon, *médusé[2], à part.* – Nom d'un chien ! La robe de la Môme !

Mongicourt, *entre ses dents, en se laissant tomber sur le canapé.* – Boum !

Mme Petypon. – Mais oui ! ... En voilà une idée d'apporter ça dans ton cabinet[3] ... Depuis quand c'est-il là ?

Petypon, *descendant vivement entre Mongicourt et madame Petypon.* – Je ne sais pas ! je n'ai pas remarqué ! Ça n'y était pas cette nuit ! ... Il me semble que c'est ce matin, hein ? ... n'est-ce pas, Mongicourt ? On a apporté ça ce ... *(Agacé par le silence et le regard moqueur de Mongicourt qui semble s'amuser à le laisser patauger[4])* Mais dis donc quelque chose, toi !

Mongicourt, *sans conviction.* – Hein ? oui ! ... oui !

Petypon, *à sa femme.* – Ça doit être une erreur ! ... c'est pas pour ici ! ... Je vais la renvoyer !

Mme Petypon. – Mais pas du tout, ce n'est pas une erreur.

Petypon. – Hein ?

Mme Petypon. – Seulement, c'est une drôle d'idée d'apporter ça chez toi !

Petypon. – Comment ?

Mme Petypon. – Moi, pendant ce temps-là, j'écris une lettre à cheval[5] à ma couturière.

Petypon. – À ta ? ...

Mme Petypon. – Mais oui, elle devait déjà me livrer cette robe hier ; alors, moi, ne voyant rien venir...

Petypon. – Hein ?

Mongicourt, *à part.* – Ah bien ! ça, c'est le bouquet[6] !

Petypon, *qui n'a qu'une idée, c'est de reprendre la robe.* – Mais non ! ... Ce n'est pas possible ! ... D'abord, je te connais, tu n'aurais pas choisi une robe si claire ! ... Allez ! donne ça ! donne ça !

Il saisit la robe et fait mine de l'emporter.

La Dame de chez Maxim, I, 5 (1899).

1. Jeune femme facile, entretenue par un bourgeois.
2. Stupéfait, extrêmement étonné.
3. Petypon est médecin, et c'est la pièce où il travaille.
4. S'embrouiller dans des difficultés.
5. *Une lettre à cheval :* lettre portée rapidement.
6. *C'est le bouquet :* c'est incroyable.

OBSERVEZ

- Amusant quiproquo : la robe qui révèle la présence d'une femme extérieure au couple est confondue avec la robe que doit livrer la couturière à la femme. La situation se retourne donc de manière inattendue et l'action rebondit.
- La gêne des hommes, continuellement infidèles dans le théâtre de Feydeau, les rend maladroits et ridicules. L'erreur de l'épouse trompée, qui parle avec autorité, fait rire, elle aussi.

39 Edmond ROSTAND

L'amour du panache au théâtre

1868-1918

Cyrano de Bergerac est une des pièces les plus populaires et les plus jouées du répertoire français. Les acteurs aiment ce rôle généreux et brillant. Le public se laisse régulièrement émouvoir par ce héros amoureux, trop laid pour plaire à celle qu'il aime, et qui meurt au moment où elle découvre qu'elle l'aimait.

Cyrano, l'Aiglon, Chantecler sont des héros maltraités, brillants, courageux et généreux, dans lesquels l'esprit français aime à se reconnaître. Cyrano a été interprété, entre autres, par Jean-Paul Belmondo au théâtre et par Gérard Depardieu au cinéma.

1868 Bonnes études, à Marseille, puis à Paris.

1888 Première pièce de théâtre. Échec complet.

1890 Épouse une poétesse célèbre, Rosemonde Gérard, et publie lui aussi des poèmes.

1897 Triomphe avec *Cyrano de Bergerac* joué par le célèbre Coquelin.

1900 *L'Aiglon* est un succès. Sarah Bernhardt y joue le jeune duc de Reichstadt au côté de Lucien Guitry (père de Sacha). Bien qu'amputée et portant une jambe de bois, elle jouera ce rôle jusqu'à la fin de sa carrière.

1901 Élu à l'Académie française.

1910 *Chantecler*. Dans cette pièce, qui fut un échec, tous les personnages sont des animaux.

À SIGNALER

Quelques jours avant la première représentation de *Cyrano*, le directeur du théâtre de la Porte Saint-Martin regrettait d'avoir monté cette pièce qui avait coûté très cher (5 actes, 5 décors et de nombreux personnages). Les premiers spectateurs avaient été choqués par le style, mais la générale fut un triomphe. À la sortie, les invités sont restés plusieurs heures devant le théâtre, conscients d'avoir assisté à un événement.

La tirade des nez

Cyrano de Bergerac a réellement existé (1619-1655). Il est l'auteur d'une Histoire comique des États et des empires de la lune et du soleil. *Dans la pièce de Rostand, Cyrano a beaucoup d'esprit, mais son physique est déformé par un grand nez. Provoqué en public par un vicomte qui lui lance « Vous ... vous avez un nez ... heu ... un nez ... très grand », il répond :*

Ah ! non ! c'est un peu court, jeune homme !
On pouvait dire... Oh ! Dieu ! bien des choses en somme...
En variant le ton, – par exemple, tenez :
Agressif : « Moi, monsieur, si j'avais un tel nez,
Il faudrait sur-le-champ que je me l'amputasse[1] ! »
Amical : « Mais il doit tremper dans votre tasse !
Pour boire, faites-vous fabriquer un hanap[2] ! »
Descriptif : « C'est un roc ! c'est un pic ! c'est un cap !
Que dis-je, c'est un cap ? C'est une péninsule ! »
Curieux : « De quoi sert cette oblongue[3] capsule ?
D'écritoire, monsieur, ou de boîte à ciseaux ? »
Gracieux : « Aimez-vous à ce point les oiseaux
Que paternellement vous vous préoccupâtes[4]
De tendre ce perchoir à leurs petites pattes ? » [...]
Cavalier : « Quoi, l'ami, ce croc est à la mode ?
Pour pendre son chapeau, c'est vraiment très commode ! »
Emphatique : « Aucun vent ne peut, nez magistral,
T'enrhumer tout entier, excepté le mistral[5] ! »
Dramatique : « C'est la mer Rouge quand il saigne ! »
Admiratif : « Pour un parfumeur, quelle enseigne ! » [...]
Enfin, parodiant Pyrame[6] en un sanglot :
« Le voilà donc ce nez qui des traits de son maître
A détruit l'harmonie ! Il en rougit, le traître ! »
– Voilà ce qu'à peu près, mon cher, vous m'auriez dit
Si vous aviez un peu de lettres et d'esprit :
Mais d'esprit, ô le plus lamentable des êtres,
Vous n'en eûtes jamais[7] un atome, et de lettres
Vous n'avez que les trois qui forment le mot : sot !
Eussiez-vous eu[8], d'ailleurs, l'invention qu'il faut
Pour pouvoir là, devant ces nobles galeries,
Me servir toutes ces folles plaisanteries,
Que vous n'en eussiez[9] pas articulé le quart
De la moitié du commencement d'une, car
Je me les sers moi-même, avec assez de verve[10],
Mais je ne permets pas qu'un autre me les serve.

Cyrano de Bergerac, I, 4 (1897).

1. Imparfait du subjonctif du verbe « amputer » (supprimer, couper).
2. Grand vase muni d'un couvercle.
3. Allongée.
4. Passé simple, 2ᵉ pers. du pluriel du verbe « préoccuper ».
5. Grand vent soufflant dans le sud de la France.
6. Allusion à la pièce *Pyrame et Thisbée* (1621), du poète Théophile de Viau (1590-1626), contemporain du vrai Cyrano. À la fin de la pièce, au moment où il se suicide, Pyrame dit : « Ha ! voici le poignard qui du sang de son maître / S'est souillé lâchement ; il en rougit, le traître. »
7. *Vous n'en eûtes jamais :* vous n'en avez jamais eu.
8. *Eussiez-vous eu :* si vous aviez eu.
9. Auriez.
10. Talent, éloquence.

OBSERVEZ

- Cyrano est courageux au combat, insolent à l'égard de l'autorité, fier, beau parleur, plein d'esprit, intelligent, comédien, drôle, sûr de lui. À la fin de la pièce, il mourra comme il a vécu : avec panache.

- Son nez, qui pourrait le ridiculiser, lui donne l'occasion de briller grâce à toutes les comparaisons originales qu'il improvise.

- Toute la tirade s'organise autour des adjectifs annoncés par « en variant le ton » (ton *agressif, amical*, etc.).

40 Paul CLAUDEL

1868-1955

Recevoir l'être et restituer l'éternel

Claudel est un géant de la parole. Dans ses poèmes, en particulier dans *Les Grandes Odes*, il a élargi le vers pour lui donner la mesure du verset biblique ; c'est ce qu'on appelle le verset claudélien. L'ambition de son théâtre est d'imiter la Création : « Nous sommes accordés à la mélodie de ce monde ». Les héros sont déchirés par des combats qui sont comme des épreuves nécessaires pour s'approcher de Dieu.
Sa puissance de conception et d'expression, Claudel la puise dans le concret, la terre, le monde paysan. « Les mots que j'emploie ce sont les mots de tous les jours et ce ne sont pas les mêmes ». Tous ses écrits cherchent à trouver dans la connaissance du visible la voie de l'invisible âme du monde.

À SIGNALER

La représentation complète des quatre journées du *Soulier de satin* dure environ douze heures. Jean-Louis Barrault et Gérard Vitez en ont donné des interprétations remarquées.

1868 Naissance en Champagne dans un milieu assez riche. Brillantes études. Il commence à écrire à 14 ans. La lecture de Rimbaud est un « événement capital ». Il découvre la libération par le langage et est attiré par le surnaturel.

1886 À Notre-Dame, pendant la cérémonie de Noël, il ressent la certitude de sa foi en Dieu.

1889-1890 Théâtre : *Tête d'or*, *La Ville*. Début d'une carrière d'écrivain et de diplomate.

1895-1909 Diplomate en Chine et au Japon. *Partage de midi* (1906), *Les Grandes Odes* (1908), où se fixe le verset claudélien, forme poétique liée à la respiration. *L'Annonce faite à Marie* (1910). Nommé à Prague, Hambourg, Rio de Janeiro, Copenhague.

1922 Ambassadeur au Japon. *Le Soulier de satin* (1924).

1928-1936 Ambassadeur à Washington, puis à Bruxelles.

1950-1955 Devenu célèbre, il vit à Brangues dans le Dauphiné ; il y étudie la *Bible* : *Le Cantique des cantiques* (1948-1954). Sur sa tombe, il demande qu'on écrive « Ici reposent les restes et la semence de Paul Claudel ».

Dona Prouhèze : « ... je tiendrai un dieu entre mes bras »

L'action se passe à l'époque de la conquête de l'Amérique. Prouhèze, la femme du roi Don Pelage, aime Rodrigue le héros qui va devenir vice-roi du nouveau monde. Ils se sont brièvement croisés et embrassés. La lune les contemple l'un et l'autre après cette rencontre essentielle.

DONA PROUHÈZE. – Si je ne puis[1] être son paradis, du moins je puis être sa croix ! Pour que son âme avec son corps y soit écartelée je vaux bien ces deux morceaux de bois qui se traversent !

Puisque je ne puis lui donner le ciel, du moins je puis l'arracher à la terre. Moi seule puis lui fournir une insuffisance à la mesure de son désir ! Moi seule étais capable de le priver de lui-même.

Il n'y a pas une région de son âme et pas une fibre[2] de son corps dont je ne sente qu'elle est faite pour être fixée à moi, il n'y a rien dans son corps et dans cette âme qui a fait son corps[3] que je ne sois capable de tenir avec moi pour toujours dans le sommeil de la douleur,

Comme Adam, quand il dormit, la première femme.

Quand je le tiendrai ainsi par tous les bouts de son corps et par toute la texture de sa chair et de sa personne par le moyen de ces clous en moi profondément enfoncés,

Quand il n'y aura plus aucun moyen de s'échapper, quand il sera fixé à moi pour toujours dans cet impossible hymen[4], quand il n'y aura plus moyen de s'arracher à ce cric[5] de ma chair puissante et à ce vide impitoyable, quand je lui aurai prouvé son néant avec le mien, quand il n'y aura plus dans son néant de secret que le mien ne soit capable de vérifier,

C'est alors que je le donnerai à Dieu découvert et déchiré pour qu'il le remplisse dans un coup de tonnerre, c'est alors que j'aurai un époux et que je tiendrai un dieu entre mes bras !

Mon Dieu, je verrai sa joie ! je le verrai avec Vous et c'est moi qui en serai la cause !

Il a demandé Dieu à une femme et elle était capable de le lui donner, car il n'y a rien au ciel et sur la terre que l'amour ne soit capable de donner !

LA LUNE. – Telles sont les choses dans son délire qu'elle dit[6]. [...]
Il n'y a plus que la paix,
L'heure est minuit, [...]
Elle parle et je lui baise le cœur !

Le Soulier de satin, 2e journée (1924), éd. Gallimard.

Les écrivains catholiques

Révélé à lui-même par la lecture de Rimbaud et de Baudelaire, Claudel a ouvert la voie à Saint-John Perse (prix Nobel), lui aussi poète cosmique et lui aussi ambassadeur. Il fait également partie d'une génération d'auteurs catholiques qui ont fortement marqué le XXe siècle : Léon Bloy, Charles Péguy, Georges Bernanos, François Mauriac, ...

OBSERVEZ

- L'amour impossible ne peut se résoudre, comme dans *Tristan et Iseult*, que par la mort : celle-ci est symbolisée ici par l'image, à la fois chrétienne et (ici) sexuelle, de la crucifixion : Prouhèze est la croix et Rodrigue est le Christ.
- Dans le monologue de Dona Prouhèze, le temps s'accélère (« Quand je le tiendrai », « Quand il n'y aura plus », « C'est alors que ») jusqu'à l'explosion finale, l'hymne à Dieu.
- La femme représente l'épreuve que Dieu a placée sur le chemin de l'homme pour lui permettre de se dépasser et d'accueillir Dieu : « Je le donnerai à Dieu découvert et déchiré pour qu'il le remplisse dans un coup de tonnerre ».

---

1. Peux (littéraire).
2. Nerf.
3. Allusion à l'animation de la matière par l'esprit.
4. Mariage.
5. Levier.
6. *Dans ... dit* : qu'elle dit dans son délire.

41 Marcel PROUST
La recréation d'une vie par l'art

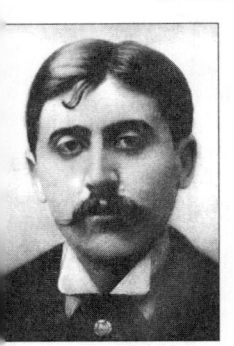

1871-1922

En décrivant une société mondaine, superficielle et frivole, Marcel Proust révèle des vérités profondes. Construite et organisée comme une cathédrale, son œuvre, fondée sur le souvenir et l'introspection, associe les thèmes dominants de l'amour, de la jalousie, de la mémoire et de la sensation du temps qui transforme sans cesse les choses et les êtres. La réflexion sur le moi, à l'intérieur duquel s'organise le monde, est traduite par des phrases longues, précises, qui cherchent à peindre avec humour la complexité des sensations. Toute l'œuvre – à l'exception d'*Un amour de Swann* – est écrite à la première personne. Mais ce « je » est celui de l'écrivain et non pas celui de l'homme Marcel Proust.

À SIGNALER

En 1919, Proust obtient le prix Goncourt pour *À l'ombre des jeunes filles en fleurs*. Roland Dorgelès, qui avait fait la guerre de 1914-1918 et écrit *Les Croix de bois*, inspiré par cette épreuve, ne l'obtient pas. Cette préférence fait scandale à l'époque.

La petite madeleine

Au début de À la Recherche du temps perdu, *dans le célèbre épisode de la petite madeleine, Proust analyse le mécanisme du souvenir et la possibilité, à certains instants, d'avoir la sensation du « Temps retrouvé ».*

Et bientôt, machinalement, accablé par la morne journée et la perspective d'un triste lendemain, je portai à mes lèvres une cuillerée du thé où j'avais laissé s'amollir

1871 Enfance parisienne. Le père de Marcel est un médecin originaire d'Illiers (peint sous le nom de Combray dans *À la Recherche du temps perdu*) où l'enfant passe ses vacances. Garçon sensible et maladif, il est très proche de sa grand-mère. Venant d'un milieu aisé, Proust ne sera pas obligé de travailler.

1889 Effectue son service militaire à Orléans, y rencontre Gaston de Caillavet (Saint-Loup dans *La Recherche*).

1892 Suit les cours du philosophe Bergson. Passe ses vacances sur les plages normandes à Cabourg (Balbec dans *La Recherche*).

1893-1896 Vie mondaine. Rencontre avec le musicien Reynaldo Hahn (Vinteuil dans *La Recherche*) ; *Les Plaisirs et les Jours* (1896).

1899-1900 Soutient les dreyfusards (le capitaine juif Dreyfus avait été injustement condamné). Premier voyage à Venise.

1903-1905 Mort de son père (1903). Mort de sa mère (1905). Il commence à écrire son œuvre et craint de ne pas avoir la force physique de la terminer.

1913 *Du côté de chez Swann* publié à compte d'auteur. Écrit sans relâche et sans sortir de son appartement. Santé fragile ; asthme.

1919 *À l'ombre des jeunes filles en fleurs* reçoit le prix Goncourt.

1920-1922 *Du côté de Guermantes. Sodome et Gomorrhe* sortent avant sa mort en 1922.

La Prisonnière, Albertine disparue, Le Temps retrouvé paraîtront après sa mort, achevant le cycle de *À la Recherche du temps perdu*.

un morceau de madeleine[1]. Mais à l'instant même où la gorgée mêlée des miettes du gâteau toucha mon palais[2], je tressaillis[3], attentif à ce qui se passait d'extraordinaire en moi. Un plaisir délicieux m'avait envahi, isolé, sans la notion de sa cause. Il m'avait aussitôt rendu les vicissitudes[4] de la vie indifférentes, ses désastres inoffensifs, sa brièveté illusoire, de la même façon qu'opère l'amour, en me remplissant d'une essence précieuse : ou plutôt cette essence n'était pas en moi, elle était moi. J'avais cessé de me sentir médiocre, contingent[5], mortel. D'où avait pu me venir cette puissante joie ? Je sentais qu'elle était liée au goût du thé et du gâteau, mais qu'elle le dépassait infiniment, ne devait pas être de même nature. D'où venait-elle ? Que signifiait-elle ? [...]

Et tout d'un coup le souvenir m'est apparu. Ce goût, c'était celui du petit morceau de madeleine que le dimanche matin à Combray (parce que ce jour-là je ne sortais pas avant l'heure de la messe), quand j'allais lui dire bonjour dans sa chambre, ma tante Léonie m'offrait après l'avoir trempé dans son infusion de thé ou de tilleul. [...]

Quand d'un passé ancien rien ne subsiste[6], après la mort des êtres, après la destruction des choses, seules, plus frêles mais plus vivaces, plus immatérielles, plus persistantes, plus fidèles, l'odeur et la saveur restent encore longtemps, comme des âmes, à se rappeler, à attendre, à espérer, sur la ruine de tout le reste, à porter sans fléchir, sur leur gouttelette presque impalpable, l'édifice immense du souvenir.

Du côté de chez Swann (1913).

Mme Jules Amiot, « la tante Léonie ».

1. Petit gâteau « court et dodu ».
2. Partie supérieure, à l'intérieur de la bouche.
3. Je tremblais légèrement, frissonne.
4. Ennuis.
5. Non nécessaire, inutile.
6. *Quand ... subsiste* : quand rien ne subsiste d'un passé ancien.

OBSERVEZ

- La montée de la sensation est décrite de façon extrêmement précise et comme au ralenti (remarquez les temps des verbes).
- Le plaisir éprouvé par le narrateur n'est pas dû au goût du thé. Il vient de la ressemblance exacte d'une sensation présente avec une sensation déjà vécue dans le passé.
- La superposition des sensations donne au narrateur l'idée que le passé est vivant en nous et que le moi a une épaisseur.

42 André GIDE

Le difficile ou le plaisant aveu de la sensualité

Grand auteur de la première moitié du XXᵉ siècle, il a été un maître à penser de la jeunesse, mais est moins lu aujourd'hui. Tourmenté par des aspirations contraires à la morale admise, il fait l'apologie de la sensualité (*Les Nourritures terrestres*) et de la liberté (l'acte gratuit de Lafcadio dans *Les Caves du Vatican*). Toujours inquiet, il multiplie l'analyse de ses contradictions, aveux et récapitulations (*Journal*), dans une œuvre où il est constamment présent.

1869-1951

1869 André Gide naît dans le milieu de la haute bourgeoisie protestante. Son père est professeur de droit ; il meurt en 1880. Gide n'est pas obligé de travailler.

1893-1895 Voyage en Tunisie où il transgresse les interdits physiques et moraux par la découverte de son homosexualité. À son retour, il épouse sa cousine Madeleine Rondeaux (mariage blanc). La contradiction entre ses exigences inverses le désespère.

1897-1914 *Les Nourritures terrestres* (1897), *L'Immoraliste* (1902), *La Porte étroite* (1909), *Les Caves du Vatican* (1914). Il prend part à la fondation de la N.R.F. (Nouvelle Revue Française), Gallimard.

1914-1920 S'adonne pendant la guerre à des œuvres de bienfaisance. Il publie ensuite *La Symphonie pastorale* (1919) et *Si Le Grain ne meurt* (1920).

1925-1938 *Corydon*, apologie de l'homosexualité (1924), *Les Faux Monnayeurs* (1925), *Voyage au Congo* (1927). Il adhère au communisme : *Le Retour d'U.R.S.S.* (1936).

1939 Publication de son *Journal* (1889-1939).

1947 Reçoit le prix Nobel.

Vivre dans l'ivresse

Ce que j'ai connu de plus beau sur la terre,
Ah ! Nathanaël[1], c'est ma faim.
Elle a toujours été fidèle
À tout ce qui toujours l'attendait.
Est-ce de vin que se grise[2] le rossignol ?
L'aigle, de lait ? ou non point de genièvre les grives ?
L'aigle se grise de son vol. Le rossignol s'enivre des nuits d'été. La plaine tremble de chaleur. Nathanaël, que toute émotion sache te devenir une ivresse[3]. Si ce que tu manges ne te grise pas, c'est que tu n'avais pas assez faim.
Chaque action parfaite s'accompagne de volupté ! À cela tu reconnais que tu devais la faire. Je n'aime point ceux qui se font un mérite d'avoir péniblement œuvré. Car si c'était pénible, ils auraient mieux fait de faire autre chose. La joie que l'on y trouve est le signe de l'appropriation du travail et la sincérité de mon plaisir, Nathanaël, m'est[4] le plus important des guides.

Les Nourritures terrestres (1897), éd. Gallimard.

OBSERVEZ

- Le ton est inspiré du *Cantique des cantiques* et de l'*Ecclésiaste* (lecture de l'enfance protestante de Gide), mais le texte évoque une jouissance païenne.

- Le désir n'est pas une volonté de posséder, mais une confiance dans le monde et dans le moi de façon humble et simple.

---

1. Nom biblique du disciple auquel s'adresse le maître Ménalque.
2. Se saoule.
3. *Sache ... ivresse* : sache devenir pour toi une ivresse.
4. *M'est* : est pour moi.

Guillaume APOLLINAIRE

Un poète moderniste

Tandis que ses amis peintres cubistes ouvraient de nouvelles voies à la peinture, Apollinaire a été l'homme des innovations en poésie. Il a supprimé la ponctuation dans *Alcools*, déstructuré l'organisation des textes et donné une forme visuelle à ses écrits dans ses *Calligrammes*. Grâce à la fluidité de la langue et à la calme mélancolie de ses recueils, plusieurs de ses poèmes ont été mis en musique.

À SIGNALER En 1911, Apollinaire est accusé, avec son ami Picasso, d'avoir volé *La Joconde* au musée du Louvre.

Le Pont Mirabeau

Sous le pont Mirabeau[1] coule la Seine
Et nos amours
Faut-il qu'il m'en souvienne
La joie venait toujours après la peine

Vienne[2] la nuit sonne[2] l'heure
Les jours s'en vont je demeure

Les mains dans les mains restons face à face
Tandis que sous
Le pont de nos bras passe
Des éternels regards l'onde[3] si lasse

Vienne la nuit sonne l'heure
Les jours s'en vont je demeure

L'amour s'en va comme cette eau courante
L'amour s'en va
Comme la vie est lente
Et comme l'Espérance est violente

Vienne la nuit sonne l'heure
Les jours s'en vont je demeure

Passent les jours et passent les semaines
Ni temps passé
Ni les amours reviennent
Sous le pont Mirabeau coule la Seine

Vienne la nuit sonne l'heure
Les jours s'en vont je demeure

Alcools (1913).

1880-1918

1880 Naissance à Rome de Guillelmus-Apollinaris-Albertus Kostrowitzky. Fils naturel d'un officier italien et d'une jeune noble, joueuse et aventurière, Kostro fait des études agitées à Nice. Il prendra à vingt ans le nom d'Apollinaire.

1901-1902 Précepteur (professeur particulier) en Rhénanie.

1904 Retour à Paris. Il est l'ami des peintres et amoureux du peintre Marie Laurencin.

1913 Délaissé par Marie Laurencin. Publication d'*Alcools*.

1914 Engagé volontairement. Il fait la guerre et en donne le récit poétique dans *Poèmes à Lou*.

1916 Il est blessé à la tête, opéré. Il guérit, se marie et meurt de la grippe espagnole en 1918.

---

1. Pont situé à l'ouest de Paris dans le quartier d'Auteuil, où le poète a vécu avec Marie Laurencin.
2. Ici l'utilisation du subjonctif exprime un souhait.
3. Eau (terme poétique).

OBSERVEZ

- Le poème est une méditation sur le temps qui passe (« sonne l'heure ») et l'amour qui meurt. Les moments heureux sont passés, le poète demeure (« seul »).

- Sans ponctuation, les vers sont de longueur variable et visent à un effet musical. Toutes les rimes sont féminines, fluides comme l'eau, sauf la 2e de chaque strophe (vers court, rime masculine).

44. COLETTE
La sensation, l'instant, le naturel

Le monde l'intéresse avec passion, aussi bien que la psychologie des gens. Toute son œuvre est d'inspiration biographique. La présence sensuelle de la nature l'enchante. Elle sait dire les parfums, les saveurs, les sensations. Elle observe, avec un même émerveillement, toutes les facettes de l'amour : trouble, passion, jalousie, déchirement, sexualité douloureuse, perverse, comblée ou apaisée. Tout est descriptible, tout est plein de vie et tout est beau puisque tout est naturel. Elle se pose en observatrice lucide de la création et d'elle-même.

L'Académie Goncourt

Colette n'a jamais reçu le prix Goncourt, mais elle a été présidente du jury qui décerne le prix, de 1945 à sa mort en 1954.
Le prix Goncourt a été fondé par testament : Edmond Goncourt voulait de cette façon honorer la mémoire de son frère Jules. Ils écrivaient à deux et appartenaient au mouvement naturaliste. Ce prix, décerné pour la première fois en 1903, récompense un ouvrage en prose, publié dans l'année et doit, en principe, permettre à un « jeune » auteur de se faire connaître du public. Le jury est composé de dix membres (le président ayant une voix prépondérante), il proclame son choix en novembre à l'issue d'un déjeuner au restaurant Drouant. Ce prix a une grande importance éditoriale, il assure à son lauréat un fort tirage (environ 500 000 exemplaires) et une renommée passagère ou durable. Proust (*À l'ombre des jeunes filles en fleurs*), Malraux (*La Condition Humaine*), Tournier (*Le Roi des Aulnes*), Marguerite Duras (*L'Amant*) ont reçu ce prix.
Existent également le Prix Femina, le Prix Renaudot, le Prix Interallié, le Prix Médicis, tous décernés en novembre.

1873-1954

1873 Naissance de Gabrielle Colette en Bourgogne, dans une famille modeste. Enfance campagnarde heureuse entre sa mère Sido et son père le capitaine Colette, devenu percepteur. Elle vit entre le jardin et la bibliothèque, comme elle le raconte dans *Claudine à l'école* (1900) et *Les Vrilles de la vigne* (1908).

1883 Elle a vingt ans et épouse une personnalité parisienne, plus âgé de treize ans, le critique musical Willy. Entre 1900 et 1905, elle écrit la série des *Claudine*, qui est signée Willy.

1906 Elle divorce ; a une liaison avec une comtesse, fait scandale par son homosexualité, sa vie jugée dissolue, son activité au music-hall (*L'Envers du music-hall*, 1913).

1907-1910 *La Retraite sentimentale*, *L'Ingénue libertine*, *La Vagabonde*.

1912 Elle épouse Henry de Jouvenel ; naissance de sa fille « Bel Gazou » en 1913.

1912-1918 Le journalisme devient sa principale activité. Parallèlement, elle publie : *Chéri* (1920), *Le Blé en herbe* (1923).

1925 Rencontre Maurice Goudeket, qu'elle épousera en 1935. S'installe dans son célèbre appartement au Palais Royal. *Sido* (1929), *La Chatte* (1933), *Gigi* (1943).

1949 Présidente de l'Académie Goncourt, chevalier de la Légion d'honneur. Elle dirige l'édition de ses œuvres complètes. À sa mort, le gouvernement lui fait des obsèques officielles. Elle est une des premières à avoir de nombreux lecteurs grâce aux collections de poche.

« Où sont les enfants ? »

Souvenir d'enfance. Sido, qui a pour modèle la mère de l'auteur, éprouve les inquiétudes normales et quotidiennes d'une mère.

« Où sont les enfants ? » Elle surgissait, essoufflée par sa quête constante de mère chienne trop tendre, tête levée et flairant le vent. Ses bras emmanchés de toile blanche disaient qu'elle venait de pétrir la pâte à galette, ou le pudding saucé d'un brûlant velours de rhum et de confitures. [...]

Au cri traditionnel s'ajoutait, sur le même ton d'urgence et de supplication, le rappel de l'heure : « Quatre heures ! Ils ne sont pas venus goûter ! Où sont les enfants ?... » « Six heures et demie ! Rentreront-ils dîner ? Où sont les enfants ?... » La jolie voix, et comme je[1] pleurerais de plaisir à l'entendre... Notre seul péché, notre méfait unique était le silence, et une sorte d'évanouissement miraculeux. Pour les desseins innocents, pour une liberté qu'on ne nous refusait pas, nous sautions la grille, quittions les chaussures, empruntant pour le retour une échelle inutile, le mur bas d'un voisin. Le flair[2] subtil de la mère inquiète découvrait sur nous l'ail sauvage d'un ravin lointain ou la menthe des marais masqués d'herbe. La poche mouillée d'un des garçons cachait le caleçon[3] qu'il avait emporté aux étangs fiévreux, et la « petite », fendue au genou, pelée au coude, saignait tranquillement sous les emplâtres[4] de toiles d'araignées et de poivre moulu, liés d'herbes rubanées...

« Demain, je vous enferme ! Tous, vous entendez, tous ! »

Demain... Demain l'aîné, glissant sur le toit d'ardoises où il installait un réservoir d'eau, se cassait la clavicule[5] et demeurait muet, courtois, en demi-syncope[6], au pied du mur, attendant qu'on vînt l'y ramasser. Demain, le cadet recevait sans mot dire, en plein front, une échelle de six mètres, et rapportait avec modestie un œuf violet entre les deux yeux...

« Où sont les enfants ? »

Deux reposent. Les autres jour par jour vieillissent. S'il est un lieu où l'on attend après la vie, celle qui nous attendit tremble encore, à cause des deux vivants.

La Maison de Claudine (1922), éd. Fayard.

1. Ici, Claudine. 2. Odorat des chiens. 3. Culotte, sorte de short. 4. Pansements. 5. Épaule. 6. Évanouissement.

À SIGNALER

Colette vivait entourée de chats. Saha, une chatte, est l'héroïne d'un de ses romans (*La Chatte*, 1933). Aimée du mari, elle devient la rivale de la femme qui, jalouse, la précipite dans le vide. Elle sort victorieuse de ce duel entre rivales.

OBSERVEZ

- Le texte évoque deux moments, l'un où la narratrice est enfant, l'autre où elle est adulte. Entre les deux, il y a eu deux morts.
- La mère a un comportement comparable à celui des animaux : elle craint pour ses enfants, elle s'inquiète, elle devine leurs bêtises, elle les soigne et les protège. Tout, dans le texte, montre une grande intimité avec la nature.

45 — Sacha GUITRY

1885-1957

Théâtre de mots d'auteur et élégance épicurienne

Auteur, comédien, metteur en scène au théâtre et au cinéma, Sacha Guitry a été pendant cinquante ans une personnalité parisienne. Ses problèmes avec son célèbre père, ses cinq mariages, ses cent trente pièces aussi bien que sa voix inimitable qui traînait sur les syllabes étaient connus d'un large public. L'unique sujet de ses pièces, c'est l'adultère bourgeois. Cela lui permet de multiples variations sur les rapports amoureux, leur violence, leur brièveté et leur incompatibilité avec les lois sociales habituelles. L'analyse de l'amour associe charme et cynisme ; elle est constamment illustrée par des mots d'auteur, en particulier sur les femmes. Ce théâtre, méprisé par les universitaires, est un exemple réussi de ce qu'on appelle « théâtre de boulevard ». Il plaît au public et continue à être régulièrement joué depuis la mort de Guitry.

1885 Fils du célèbre acteur Lucien Guitry, il naît à Saint-Pétersbourg. Ses parents se séparent quatre ans plus tard. Il écrit et fait jouer sa première pièce à seize ans. À dix-neuf ans, il joue son premier rôle. Il tombe amoureux de la maîtresse de son père. Rupture avec son père.

1906 Premier succès : *Nono*.

1908 Écrit de nombreuses pièces. Expose ses toiles (1911).

1916-1919 *Faisons un rêve* (1916), *Jean de la Fontaine* (1916) *Debureau* (1918), *Le Mari, la femme et l'amant* (1919), *Mon père avait raison* (1919), joué par Lucien Guitry, réconcilié.

1925 Mort de son père. *Mozart*.

1932-1935 *Désiré* ; *Le Nouveau Testament* (1935).

1935-1942 Réalise plusieurs films : *Le roman d'un tricheur* (1935), *Le mot de Cambronne* (1936), *Quadrille* (1937), *N'écoutez pas mesdames* (1942).

1944 Arrêté à la Libération, il est emprisonné et écrit *60 jours de prison*.

1949 *Une folie* (1951), *Si Versailles m'était conté* (au cinéma, 1953), *Napoléon* (au cinéma, 1955). Il meurt en 1957.

À SIGNALER

Sacha Guitry a entretenu, toute sa vie, la chronique mondaine. Il a d'abord épousé la maîtresse de son père, la comédienne Charlotte Lyses (1906), puis Yvonne Printemps (1919), Jacqueline Delubac (1935), Geneviève de Sereville (1939) et enfin Lana Marconi (1949). Ses démêlés avec son père, les représentations de ses pièces données sous l'occupation allemande, ses permanentes difficultés financières ont aussi alimenté les conversations de salon.

Faisons un rêve

La femme a trompé son mari. Elle est chez son amant. Il est sorti et l'a laissée seule. Elle s'interroge sur l'avenir de cette aventure et écrit une lettre à son amant. Que faire après des instants aussi merveilleux ?...

Tout me revient à l'esprit... je revois chaque rose... et le champagne d'hier me grise de nouveau !... Je ne sais, vois-tu, je ne sais pas ce que je donnerais pour avoir un jour de moins… ou plutôt pour avoir un jour de plus à vivre dans tes bras… prends-moi contre toi… serre-moi bien fort… Je t'aime… Je t'aime… *(Elle a cessé d'écrire sans s'en apercevoir… Elle s'en aperçoit… revient à sa lettre… raye quelques mots… et continue de parler, sans l'écrire…)*

Ah ! Pourquoi l'autre matin quand je t'ai dit : « Alors, nous avons toute la vie devant nous !… » pourquoi m'as-tu répondu : « Mieux que ça… nous avons deux jours !… » C'était un mot charmant… mais c'était un mot terrible !… Tu as eu l'adresse de ne pas le répéter depuis deux jours… et je viens seulement de m'en souvenir !… Tu n'effaceras jamais ce mot-là… Maintenant ! C'est fini !… […]

Trois solutions s'offrent à moi… Je reste – je pars – ou je rentre ce soir pour revenir demain…

Tu n'as pas dit un mot… Rien ne t'a échappé depuis deux jours qui puisse m'indiquer la solution que tu préfères… Il faut donc que je choisisse ! Ou bien c'est le bonheur, la folie merveilleuse, irraisonnée… C'est le grand départ ce soir, c'est le réveil demain dans du soleil et de la joie… C'est pour toute la vie ! *(Elle reprend de l'encre…)*

Oui, mais, non… *(Elle écrit.)*

Non, ça tu m'en aurais parlé… Tu n'aurais pas pu ne pas m'en parler ! Ça, ça t'aurait échappé… *(Elle s'énerve un peu en écrivant…)* […]

Puisque tu m'as laissé le soin de choisir… je m'en vais… c'est cette solution-là que j'adopte… parce qu'il le faut !… *(Elle souligne plusieurs fois les derniers mots. Elle est extrêmement énervée.)*

Je sais bien qu'elle va vous surprendre un peu… et je vous cause peut-être un chagrin très grand… *(Elle prend de l'encre.)*

Tant pis !… *(Elle écrit…)* […]

(La porte s'ouvre brusquement et il entre.)

Toi !… *(Elle détruit sa lettre et se jette dans ses bras.)*

Viens, toi que j'adore… Nous avons mieux que deux jours, nous n'avons plus que quelques heures… vite… profitons-en !!!…

Rideau.

Faisons un rêve, fin de la pièce (1916),
éd. Presses de la Cité.

O B S E R V E Z

- Un mot d'auteur qui résume bien les conceptions de l'auteur : « Nous avons toute la vie devant nous » (propos de ceux qui vont vers le mariage) « Mieux que ça… nous avons deux jours ! » (propos de ceux qui profitent de l'existence). Repris par la femme, « mieux que deux jours, […] quelques heures », le dernier mot énonce la philosophie épicurienne des deux amants.

- Les personnages vivent dans un univers élégant (rose, champagne) ; leurs relations, leur langage sont également légers et élégants.

46   Jean COCTEAU
Le dandy du XXᵉ siècle

1889-1963

« Jean, étonne-moi ! »
Cette parole de Diaghilev à Cocteau exprime bien ce que fut l'influence de Cocteau sur le XXᵉ siècle. Esprit curieux, inventif, paradoxal, il montre dans sa vie comme dans son œuvre un anticonformisme élégant, cultivé, généralement léger et toujours décapant.
Du poète, il dit : « Je suis un mensonge qui dit toujours la vérité ». Dans toute situation, il cherche à surprendre.
Ses adaptations théâtrales ou cinématographiques des mythes grecs où se multiplient les jeux de masques et de miroirs montrent assez bien sa façon de fabriquer des enchantements.

À SIGNALER

- À la question « Qu'emporteriez-vous si votre maison brûlait ? », il répondait : « Le feu ».
- Tout jeune, Cocteau a habité un hôtel particulier avec cinq portes-fenêtres ouvertes sur un parc de sept hectares en plein cœur de Paris. L'hôtel Biron, qui avait servi de couvent et était inoccupé depuis la séparation de l'Église et de l'État, ne dépendait que de son concierge. Cocteau avait su le séduire. Le poète a sauvé les lieux de la destruction : entendant parler de future construction, il a alerté la presse. Aujourd'hui, l'hôtel rénové abrite le musée Rodin.

1913 Rencontre avec le danseur Diaghilev, choc dû au *Sacre du printemps*, de Stravinsky.

1914 Rencontre avec l'aviateur Roland Garros, Picasso et Radiguet, qui meurt à vingt ans, après avoir publié des poèmes et *Le Diable au corps*.

1927-1929 Publie des poèmes : *Plain chant* (1923), *L'Ange Heurtebise* (1925) ; des tragédies inspirées de la Grèce : *Orphée* (1927), *Œdipe-roi* (1928), *La Machine infernale* (1934) ; des romans : *Thomas l'imposteur* (1923), *Les Enfants terribles* (1929).

1932-1945 Réalise des films : *Le Sang d'un poète*, (1932), *La Belle et la bête* (1945) et *Orphée* (1951), dont la vedette est son ami Jean Marais.

1964 Poursuit une recherche de dessinateur et de peintre à Menton, Villefranche, la Chapelle Saint-Pierre, (1964). Est élu à l'Académie française. Meurt presque le même jour qu'Édith Piaf ; la France célèbre dans un même élan les deux enterrements.

La boule de neige

Une bataille éclate entre élèves à la sortie des classes dans la rue. Dargelos, le cancre prestigieux, à la beauté insolente, le chef de bande, envoie une boule de neige qui frappe Paul, le héros, et le laissera pour longtemps malade.

L'élève pâle contourna le groupe et se fraya une route à travers les projectiles[1].
Il cherchait Dargelos. Il l'aimait.
Cet amour le ravageait d'autant plus qu'il précédait la connaissance de l'amour.

C'était un mal vague, intense, contre lequel il n'existe aucun remède, un désir chaste sans sexe et sans but.

Dargelos était le coq du collège. Il goûtait[2] ceux qui le bravaient[3] ou le secondaient. Or, chaque fois que l'élève pâle se trouvait en face des cheveux tordus, des genoux blessés, de la veste aux poches intrigantes[4], il perdait la tête.

La bataille lui donnait du courage. Il courrait[5], il rejoindrait Dargelos, il se battrait, le défendrait, lui prouverait de quoi il était capable.

La neige volait, s'écrasait sur les pèlerines[6], étoilait les murs. De place en place, entre deux nuits, on voyait le détail d'une figure rouge à la bouche ouverte, une main qui désigne un but.

Dessin de Jean Cocteau.

Une main désigne l'élève pâle qui titube et qui va encore appeler. Il vient de reconnaître, debout sur un perron, un des acolytes[7] de son idole. C'est cet acolyte qui le condamne. Il ouvre la bouche « Darg... » ; aussitôt la boule de neige lui frappe la bouche, y pénètre, paralyse les dents. Il a juste le temps d'apercevoir un rire et, à côté du rire, au milieu de son état-major, Dargelos qui se dresse, les joues en feu, la chevelure en désordre, avec un geste immense.

Un coup le frappe en pleine poitrine. Un coup sombre. Un coup de poing de marbre. Un coup de poing de statue. Sa tête se vide. Il devine Dargelos sur une espèce d'estrade[8], le bras retombé, stupide, dans un éclairage surnaturel.

Il gisait par terre. Un flot de sang échappé de la bouche barbouillait son menton et son cou, imbibait la neige.

Les Enfants terribles (1925), éd. Gallimard.

1. Objets lancés.
2. Appréciait, aimait.
3. S'opposaient à lui, lui lançaient un défi.
4. Mystérieuses.
5. Série de verbes au conditionnel, exprimant les rêves de Paul.
6. Manteaux.
7. Aides.
8. Scène.

OBSERVEZ

- La fascination amoureuse qu'exerce un adolescent très beau sur un jeune élève plus faible dirige tous les mouvements de l'un et de l'autre.
- Les combattants agissent comme des chefs de guerre. La boule de neige se transforme en coup de poing, ce poing devient du marbre... Une lutte entre gamins devient un combat de géants dans une mise en scène proche du théâtre antique.

47 CÉLINE (Louis-Ferdinand)

Le lyrisme de l'ignoble

Céline a une place à part dans la littérature du XXe siècle. Son engagement politique pro-nazi et anti-juif en a fait un réprouvé. La violence des propos qu'il tient le montre comme un écorché qui lutte contre la misère, contre les conformismes et contre la bêtise. Pour lui, le point de départ de l'écriture est l'émotion. Il maltraite la grammaire, crée une langue neuve construite sur la langue parlée, qui mélange l'argot, les tournures familières, la langue populaire dans une écriture très travaillée.

Morbide, anarchiste, halluciné, précis, provocateur, tendre, injuste, médecin des pauvres, artiste, il y a chez Céline une espérance déçue dans l'homme et une jouissance à manipuler la langue. Céline est politiquement incorrect et littérairement novateur.

À SIGNALER

- Céline, comme Brasillach et Drieu La Rochelle, fait partie des auteurs politiquement de droite. Ils ont pris le parti de l'Allemagne pendant la guerre de 1940-1944. Les positions antisémites de Céline l'ont opposé violemment à Sartre, auteur de *La Question juive* (1947).
- « Un bâton droit plongé dans l'eau donne l'impression d'être brisé. Pour le faire voir droit, tel qu'il est, il faudrait le manipuler ». C'est cette image que donne Céline pour caractériser son style, qui traite la langue parlée populaire avec art.

1894-1961

1912 Louis Ferdinand Destouches est le fils unique de petits bourgeois. Il s'engage dans l'armée pour pouvoir plus vite entrer en apprentissage chez un joaillier.

1915 Gravement blessé au combat, il est affecté à Londres où il épouse une employée de bar de nuit.

1916 Part chercher fortune au Cameroun. Au retour, il fait des études accélérées de médecine (prévues pour les anciens combattants) et épouse une fille de médecin dont il a une fille.

1924 Passe sa thèse de médecine. Dans *Vie et œuvre de Semmelweis*, il décrit ce médecin incompris comme un martyr de la bêtise. Il est engagé à la Société des Nations à Genève (missions : Cuba, États-Unis, Canada en 1925, Sénégal, Nigéria en 1926).

1927 S'installe comme médecin à Clichy et commence à écrire.

1932 Publie *Voyage au bout de la nuit* sous le nom de Céline, et obtient le prix Renaudot.

1936 *Mort à crédit*. Rencontre avec Lucette Almanzor. Céline se lance dans le combat politique et publie des pamphlets anti-juifs (*Bagatelles pour un massacre*, 1937).

1940 Médecin dans un dispensaire de banlieue ; écrit dans les journaux pro-allemands.

1944-1945 Quitte la France pour l'Allemagne (Sigmaringen), puis pour le Danemark (1945).

1951 Retour en France après avoir été condamné puis amnistié (condamnation annulée). Ouvre un cabinet médical à Meudon.

1957 *D'un château l'autre*, *Nord* (1960), *Guignol's Band* (publié en 1964 après sa mort, en 1961).

Mort à crédit

La mère du narrateur est mercière. Elle vend des dentelles sur les marchés.

Pour m'échapper, fallait que je mente, je disais que j'allais chercher des frites. Popaul, ma mère le connaissait bien, elle pouvait pas le renifler[1], même de loin, elle me défendait que je le fréquente. On se barrait[2] quand même ensemble, on vadrouillait[3] jusqu'à Gonesse. Moi je le trouvais irrésistible... Dès qu'il avait un peu peur il était secoué par un tic, il se tétait d'un coup, toute la langue, ça lui faisait une sacrée grimace. À la fin moi je l'imitais, à force de me promener avec lui.

Sa mercière, Popaul, elle lui passait avant qu'il parte une drôle de veste, une toute spéciale, comme pour un singe, toute recouverte de boutons, des gros, des petits, des milliers, devant, derrière, tout un costard d'échantillons, des nacres, des aciers, des os... [...]

Popaul, je le croyais régulier, loyal et fidèle. Je me suis trompé sur son compte. Il s'est conduit comme une lope[4]. Il faut dire les choses. Il me parlait toujours d'arquebuse[5]. Je voyais pas trop ce qu'il voulait dire. Il amène un jour son fourbi[6]. C'était un gros élastique monté, une espèce de fronde, un double crochet, un truc pour abattre les piafs[7]. Il me passe encore son machin... Je le charge avec un gros caillou. Je tire à fond sur le manche... À bout de caoutchouc... Je fais à Popaul : « Vise donc là-haut ! » et clac ! Ping ! Patatrac !... En plein dans l'horloge !... Tout vole autour en éclats... J'en reste figé comme un con[8]. J'en reviens pas du boucan[9] que ça cause... le cadran qui éclate en miettes ! Les passants radinent[10]... Je suis paumé[11] sur place. Je suis fait comme un rat... Ils me tiraillent tous par les esgourdes[12]. Je gueule[13] : « Popaul ! »... Il a fondu !... Il existe plus !... Ils me traînent jusque devant ma mère. Ils lui font une scène horrible. Il faut qu'elle rembourse toute la casse, ou bien ils m'embarquent en prison. Elle donne son nom, son adresse... J'ai beau expliquer : « Popaul » !... Il s'abat sur moi tellement de gifles que je vois plus ce qui se passe...

À la maison, ça recommence, ça repique en trombe[14]... C'est un ouragan... Mon père me dérouille à fond[15], à pleins coups de bottes, il me fonce dans les côtes, il me marche dessus, il me déculotte. En plus, il hurle que je l'assassine !... Que je devrais être à la Roquette[16] ! Depuis toujours !... Ma mère supplie, étreint, se traîne, elle vocifère[17] « qu'en prison ils deviennent encore plus féroces ». Je suis pire que tout ce qu'on imagine... Je suis à un poil[18] de l'échafaud. Voilà où que je me trouve !... Popaul y était pour beaucoup, mais l'air aussi et la vadrouille[19]... Je cherche pas d'excuses...

Mort à crédit (1936), éd. Gallimard.

1. *Elle... renifler* : Elle ne l'aimait pas.
2. Sauvait (argot).
3. Se promenait.
4. Homosexuel (argot).
5. Ancienne arme à feu.
6. Chose, truc, machin.
7. Les oiseaux (argot).
8. Imbécile (très fam.).
9. Bruit (fam.).
10. Arrivent (fam.).
11. Perdu (fam.).
12. Les oreilles (argot).
13. Crie (fam.).
14. *Ça repique en trombe* : ça repart de plus belle (argot).
15. *Me dérouille à fond* : me bat sauvagement (fam.).
16. Ancienne prison de Paris.
17. Crie.
18. *À un poil* : presque (fam.).
19. Vagabondage.

OBSERVEZ

- C'est le récit d'une bêtise de gamin. Mais le récit grossit l'événement. Les parents sont féroces et brutaux.

- Les phrases sont construites comme dans un poème en prose. Les points de suspension et d'exclamations rythment la cadence du texte, qui utilise la langue parlée dans une partition quasi musicale.

48 Marcel PAGNOL

La Provence riante au théâtre, au cinéma et dans les romans

Pagnol est un conteur. Ses intrigues sont extrêmement simplistes (comme dans la trilogie *Marius, Fanny, César*), mais il sait créer l'émotion et donner vie aux histoires et aux personnages.

Dans l'univers de Pagnol, les personnages sont attachants ; c'est la fatalité, plus que la méchanceté, qui empêche que l'on soit heureux. Il a su exprimer le sens de la famille, le goût du métier bien fait, les plaisirs simples. Il observe avec humour et sympathie ce petit monde de gens pleins de rondeur qu'il sait faire parler au théâtre comme au cinéma … Mais il a du mal à écrire des rôles de méchants.

À SIGNALER

Scène d'anthologie jouée par Raimu : la femme du boulanger, partie avec son amant, est de retour chez son mari. Le mari la reçoit et s'adresse à la chatte Pomponette. Elle vient de revenir, après avoir abandonné Pompon pour un chat de gouttière.
« Sous prétexte que je fais du cinéma, tout le monde me prend pour un inculte », protestait Pagnol.

1895-1974

1895 Fils d'instituteur, Pagnol naît dans la banlieue de Marseille. Licencié d'anglais, il devient professeur dans le sud de la France (Tarascon, Marseille), puis à Paris.

1925 Il fait jouer *Les Marchands de gloire*, critique de ceux qui exploitent la mémoire des soldats.

1928 *Topaze*, qui connaît le succès.

1929-1933 *Marius*, joué par Raimu au théâtre, qu'il tourne pour le cinéma en 1931 ; *Fanny, César* (au théâtre et au cinéma).

1934 *Angèle*, écrit directement pour le cinéma.

1937-1939 Fait des films à partir d'arguments pris dans l'œuvre de Giono : *Regain* (1937), *La Femme du boulanger* (1939).

1957 Publication de souvenirs romancés d'enfance en Provence : *La Gloire de mon père*, *Le Château de ma mère*, *Le Temps des secrets* (1960).

1964 Publie deux romans, *Jean de Florette* et *Manon des sources*, qui seront tournés plus tard par Claude Berri, avec succès.

La partie de cartes

La pièce est jouée avec l'accent du midi de la France. César, interprété par Raimu, fait équipe avec Escartefigue ; ils sont adversaires de Panisse et de M. Brun. César essaie de donner des indications à son partenaire. D'abord il fait des gestes, puis il joue sur les mots. De là naît l'effet comique.

PANISSE	ESCARTEFIGUE
C'est ce coup-ci que la partie se gagne ou se perd.	C'est pour ça que je me demande si Panisse coupe à cœur[1].

CÉSAR

Si tu avais surveillé le jeu, tu le saurais.

PANISSE, *outré.*

Eh bien, dis donc, ne vous gênez plus ! Montre-lui ton jeu puisque tu y es !

CÉSAR

Je ne lui montre pas mon jeu. Je ne lui ai donné aucun renseignement.

M. BRUN

En tout cas, nous jouons à la muette, il est défendu de parler. [...]

ESCARTEFIGUE, *pensif.*

Oui, et je me demande toujours s'il coupe à cœur.

À la dérobée, César fait un signe qu'Escartefigue ne voit pas, mais Panisse l'a surpris.

PANISSE, *furieux.*

Et je te prie de ne pas lui faire de signes.

CÉSAR

Moi je lui fais des signes ? Je bats la mesure. [...]

PANISSE

Et ils se font encore des signes ! Monsieur Brun, surveillez Escartefigue. Moi, je surveille César.

CÉSAR, *à Panisse.*

Tu te rends compte comme c'est humiliant ce que tu fais là ? Tu me surveilles comme un tricheur. Réellement, ce n'est pas bien de ta part. Non, ce n'est pas bien.

PANISSE, *presque ému.*

Allons, César, je t'ai fait de la peine ?

CÉSAR

Quand tu me parles sur ce ton, quand tu m'espinches[2] comme si j'étais un scélérat[3], eh bien, tu me fends le cœur.

PANISSE

Allons, César...

CÉSAR

Oui, tu me fends le cœur. Pas vrai, Escartefigue ? Il nous fend le cœur.

ESCARTEFIGUE, *ravi.*

Très bien !

Il jette une carte sur le tapis. Panisse la regarde, regarde César, puis se lève brusquement, plein de fureur.

PANISSE

Est-ce que tu me prends pour un imbécile ? Tu lui as dit : « Il nous fend le cœur » pour lui faire comprendre que je coupe à cœur. Et alors il joue cœur, parbleu[4] !

Marius, I, 3 (1929), éd. Fasquelle.

---

1. Escartefigue se demande si Panisse a encore du cœur dans son jeu.
2. *Quand tu m'espinches* (mot méridional inconnu en français standard) : quand tu me regardes.
3. Criminel.
4. Juron.

OBSERVEZ

- « Tu me fends le cœur » signifie « Tu me désespères » (parce que tu ne comprends pas mon message) et indique aussi que l'adversaire coupe à cœur. C'est un jeu de mot astucieux.
- Même en colère, les personnages s'aiment bien. La moindre parole de reproche provoque l'émotion (cf. Panisse).

49 Jean GIONO
Le voyageur immobile

1895-1970

Giono est un conteur profondément lié à la terre. Il recrée les personnages, les paysages, en imagination et raconte les visions de ce « voyageur immobile » qu'est pour lui l'écrivain.
Dans une première période, les romans paysans (*Regain*, *Colline*) montrent le difficile combat de l'homme avec la nature. La jouissance du monde vient plus tard. Puis, les aventures s'enrichissent, les symboles se multiplient, tout est prétexte à des significations à l'échelle de l'univers. Enfin, dans le cycle du *Hussard sur le toit*, le héros Angelo ressemble, par son détachement des choses et par son sens de la beauté de l'action à beaucoup de héros stendhaliens.
Mais quelle que soit la période, les idées qu'il défend demeurent : la société, construite sur l'argent, détruit la paix et les vraies richesses, qui sont naturelles.

1895 Naissance à Manosque en Provence. Son père, né dans le Piémont, est cordonnier ; sa mère repasseuse. Enfant, il lit la *Bible*, Homère, les tragiques grecs.

1914 Travaille dans une banque. Bien qu'étant pour la paix, il devient soldat et est gazé.

1925-1935 *Naissance de l'Odyssée* (1925) ; la trilogie des romans paysans : *Colline*, *Un de Baumugnes*, *Regain* (1930) ; *Jean le bleu* (1932), *Que ma joie demeure* (1935).

1937-1939 Il organise les rencontres antifascistes du Contadour. *Les Vraies Richesses* (1937), *Refus d'obéissance* (1937).

1939-1945 Il refuse de partir à la guerre et est emprisonné pour ses idées pacifistes. Il traduit *Moby Dick*.

1947 *Un Roi sans divertissement* (qui sera adapté au cinéma).

1951-1953 Il change de style et publie la trilogie *Le Hussard sur le toit*, *Le Bonheur fou*, *Angelo*. Succès. Il voyage en Italie et en Écosse.

1958-1960 Écrit pour le cinéma les scénarios de *L'Eau vive*, *Crésus*.

1968-1970 *Ennemonde* ; *Iris de Suse* paraît l'année de sa mort.

À SIGNALER

- Giono a été en son temps un maître à penser. Entre 1935 et 1939, il accueille en Provence des disciples qui partagent sa volonté de revenir aux valeurs naturelles, son antimilitarisme et son antifascisme. Certains, profitant du début des congés payés, font le pèlerinage à bicyclette de tous les coins de France.

- Giono a écrit des scénarios pour le cinéma (*L'Eau vive*, 1958 ; *Crésus*, 1960). Pagnol a très souvent puisé dans les romans de Giono des arguments pour les films qu'il écrivait et qu'il réalisait (*Regain*, 1937 ; *La Femme du boulanger*, 1938). *Le Chant du monde* (1965) a été tourné par Marcel Camus, *Un roi sans divertissement* (1963) par François Leterrier, *Le Hussard sur le toit* (1995) par Jean-Paul Rappeneau.

Politesse

Dehors, le grand chaud avait déjà mangé tout le dessus de la terre sur un bon travers de main d'épaisseur et le vent était tout habillé de grandes poussières laineuses, lourdes et qui passaient dans les arbres avec le bruit du feu.
L'homme avait l'air de sortir d'une longue pluie. Son chapeau se pliait comme mouillé sur sa tête et, quand il le retira, ses petits cheveux sans force coulèrent sur son front. Il avait peur de gêner.
« Je vous gêne, disait-il, en faisant mine de se dresser de sa chaise.
– Restez », disait Mme Massot.
Et puis, Massot s'arrêta d'amincir au couteau un manche de hache.
« Vous ne gênez pas, dit-il. « Ça n'est jamais qu'une habitude de dire ça et ça fait mauvais effet. Ici, il y a de la place pour tous. S'il n'y a pas de place, je dis « Asseyez-vous dehors. »
Vous, je vous ai dit : « Entrez. » C'est pour que vous soyez à votre aise dedans. Vous allez voir. Enlevez votre veste, retroussez-vous les manches de chemise et venez avec moi, je veux changer la huche[1] de place, et, puisque vous êtes là... »
Ils se mirent chacun d'un côté du pétrin[2].
« Attention, dit Massot, c'est lourd. J'attendais d'avoir un homme ici, vous y êtes ? »
Il y était. Il donnait tout ce qu'il pouvait. Ses bras tremblaient comme des cordes.
« Encore un peu » dit Massot.
Puis : « Un peu plus à droite. »
Puis : « Bien contre le mur. Serrez. Relevez encore un peu. Là. »
Il se frotta les mains.
« Vous voyez, ça va mieux, là. Il y a longtemps que j'avais envie de bouger ça. Mais, il me fallait un homme.
– Oui », dit l'homme. [...]
La huche était maintenant trop près du placard ; on ne pouvait plus ouvrir les portes en plein.
« Quand on sert à quelque chose, on s'ennuie pas, dit Massot. Quand on sert à rien, on gêne.
– C'est pas commode à cette place-là, maintenant, dit Massotte[3].
– Non, mais c'est ma politesse. Un autre jour je dirai que j'ai changé d'idée et on la mettra en place. Ça servira deux fois. »

Jean le Bleu, chapitre 7 (1932), éd. Grasset.

1. Coffre où l'on range la nourriture.
2. Sorte de coffre (pour pétrir le pain), synonyme de huche.
3. Madame Massot (Massotte = féminin de Massot).

OBSERVEZ

- L'hospitalité est une valeur importante dans le monde paysan. Elle ne s'exprime pas par des mots mais par des moments partagés.
- Dans les premières lignes, la nature est réinventée pour s'animer grâce à un souffle épique. Dans ce décor, les personnages sont eux aussi présentés comme des forces naturelles (le nouveau venu est simplement appelé « l'homme noir », « l'homme » ; il n'est pas nommé et de cette façon, il n'est pas limité, pas individualisé).

50 Paul VALÉRY

Le retour en force de la rationalité classique

Poète officiel de la IIIe République, Paul Valéry représente l'aboutissement du courant des poètes classiques pour qui la production poétique doit être rationnelle dans la composition.
Il pense que le langage poétique, contrairement au langage ordinaire, ne trouve de signification qu'en lui-même et non dans ses référents extérieurs.

À SIGNALER Dans les années soixante, les structuralistes, Philippe Sollers, Roland Barthes, Tzvetan Todorov et Gérard Genette, se réclament de la « poétique » de Valéry.

1871-1945

1890 Rencontre Gide, Mallarmé…
1892 Crise de la « nuit de Gênes » : après une déception amoureuse, Valéry se consacre au seul raisonnement.
1896 *La Soirée avec Monsieur Teste.* Teste est un « monstre d'intelligence ».
1913-1922 Publie des poèmes. *La Jeune Parque* (1913), *Le Cimetière Marin. Album de vers anciens* (1920). *Charmes* (1922). Période de gloire.
1924-1936 Essais : *Variété* (1924), *Variété II* (1929), *Variété III* (1936).
1945 *Mon Faust.* Mort le 20 juillet.

La poétique structuraliste

Que voulons-nous, – si ce n'est de produire l'impression puissante, et pendant quelque temps continue, qu'il existe entre la forme sensible d'un discours et sa *valeur d'échange en idées*, je ne sais quelle union mystique, quelle harmonie, grâce auxquelles nous participons d'un tout autre monde que le monde où les paroles et les actes se répondent ? Comme le monde des sons purs, si reconnaissables par l'ouïe, fut extrait du monde des bruits pour s'opposer à lui et constituer le système parfait de la Musique, ainsi voudrait opérer l'esprit poétique sur le langage : il espère toujours tirer de cette production de la pratique et de la statistique les rares éléments dont il puisse faire des ouvrages entièrement délicieux et distincts.

C'est demander un miracle. Nous savons bien qu'il n'y a presque point de cas où la liaison de nos idées avec les groupes de sons qui les appellent une à une ne soit tout arbitraire ou de pur hasard. Mais pour avoir de temps en temps observé, approuvé, obtenu quelques beaux effets singuliers, nous nous flattons que nous puissions quelquefois faire tout un ouvrage bien ordonné, sans faiblesses et sans taches, composé de bonheurs[1] et d'accidents favorables. Mais cent instants divins ne construisent pas un poème, lequel est une durée de croissance et comme une figure dans le temps ; et le fait poétique naturel n'est qu'une rencontre exceptionnelle dans le désordre d'images et de sons qui viennent à l'esprit. Il faut donc beaucoup de patience, d'obstination et d'industrie[2], dans notre art, si nous voulons produire un ouvrage qui ne paraisse enfin qu'une série de ces coups rien qu'heureux[3], heureusement enchaînés.

Variété, Études littéraires, « Je disais quelquefois à Stéphane Mallarmé » (1924), éd. Gallimard.

1. Trouvailles heureuses. 2. Ici, virtuosité technique.
3. Seulement heureux.

OBSERVEZ

- Pour Valéry, le poème doit satisfaire aussi bien les sens que l'intellect (« les questions de la réflexion »).

- Le poème est constitué de deux éléments : la trouvaille heureuse et inspirée, mais surtout un patient travail de composition. L'activité poétique n'est pas inconsciente : elle suppose au contraire la mobilisation intellectuelle.

André BRETON

Le pape du surréalisme

Pour André Breton : « Tout porte à croire qu'il existe un point de l'esprit où toutes les contradictions sont résolues ». Ces « contradictions », entre réel et imaginaire, sont le fruit de siècles de contraintes sociales et psychologiques qui nous amènent à dissocier ces deux mondes qui en réalité peuvent s'articuler. Les surréalistes, en disciples de la théorie psychanalitique de Freud, veulent « écrire sous la dictée de l'inconscient ». Le poète ne sera alors que l'enregistreur d'images obtenues dans des états de semi-conscience.

1896-1966

1919 Fondation de la revue *Littérature* avec Soupault et Aragon.
1920 *Les Champs magnétiques*, premier texte en écriture automatique ; début de l'amitié avec Paul Eluard.
1923 *Clair de Terre*, recueil de poèmes.
1924 Premier *Manifeste du surréalisme*, ouvrage théorique : fondation du mouvement surréaliste.
1927-1933 Adhésion au Parti communiste.
1928 *Nadja* (prose poétique).
1930 Second *Manifeste du surréalisme*.
1933 Se sépare des communistes.
1935-1955 *L'Amour fou*. Rupture avec Aragon (1935), Eluard (1938), Max Ernst (1955). Il meurt en 1966.

Contre l'inspiration rationnelle, pour la création inconsciente

On sait assez ce qu'est l'inspiration. [...] Nous la reconnaissons sans peine à cette prise de possession totale de notre esprit qui, de loin en loin, empêche que pour tout problème posé nous soyons le jouet d'une solution rationnelle plutôt que d'une autre solution rationnelle, à cette sorte de court-circuit qu'elle provoque entre une idée donnée et sa répondante (écrite par exemple). [...] En poésie, en peinture, le surréalisme a fait l'impossible pour multiplier ces courts-circuits. Il ne tient et il ne tiendra jamais à rien tant qu'à reproduire artificiellement ce moment idéal où l'homme, en proie à une émotion particulière, est soudain empoigné par ce « plus fort que lui » qui le jette, à son corps défendant[1], dans l'immortel. Lucide, éveillé, c'est avec terreur qu'il sortirait de ce mauvais pas. Le tout est qu'il n'en soit pas libre, qu'il continue à parler tout le temps que dure cette mystérieuse sonnerie : c'est, en effet, par où il cesse de s'appartenir qu'il nous appartient. Ces produits de l'activité psychique, aussi distraits que possible de la volonté de signifier, aussi allégés que possible des idées de la responsabilité toujours prêtes à agir comme freins, aussi indépendants que possible de tout ce qui n'est pas *la vie passive de l'intellect,* ces produits que sont l'écriture automatique et les récits de rêves présentent [...] l'avantage [...] de proposer une clé qui, capable d'ouvrir indéfiniment cette boîte à multiple fond qui s'appelle l'homme, le dissuade de faire demi-tour, pour des raisons de conservation simple, quand il se heurte dans l'ombre aux portes extérieurement fermées de l'« au-delà », de la réalité, de la raison, du génie et de l'amour.

Second Manifeste du surréalisme (1930), éd. Kra.

1. À son corps défendant : malgré lui.

O B S E R V E Z

- L'inspiration surréaliste se fonde sur l'inconscient. Il s'agit de « court-circuiter » les facultés rationnelles de l'esprit pour libérer le rêve et l'écriture automatique, qui sont les deux opérations véritablement libératrices et artistiquement créatrices. L'écriture est ainsi obtenue sous un état d'hypnose.

- Le but des surréalistes est d'aller au-delà de l'apparence extérieure des choses qui est perçue par les sens à l'état de veille et connue par l'activité rationnelle consciente.

52 Paul ELUARD

Surréalisme, amour et engagement

La vie d'Eluard est agitée. Sa poésie est un essai pour retrouver l'harmonie, pour dépasser ses souffrances personnelles. Il étend l'éloge de la femme aimée à la beauté de l'univers. Comme les peintres surréalistes, il veut « libérer la vision, joindre l'imagination à la nature » ; de là, cet art d'associer les images les plus inhabituelles aux objets les plus familiers, témoin le célèbre vers « La terre est bleue comme une orange ».

À SIGNALER Eluard a voulu se dévouer à des causes généreuses (communisme, guerre d'Espagne) et a vécu des mariages tumultueux : Gala (1912-1929), Nush (1930-1946 ; sa mort le désespère), Jacqueline (1946-1949) et Dominique (1949-1952).

1895-1952

1895 Naissance de Paul Grindel, fils d'un comptable et d'une couturière de Saint-Denis (banlieue de Paris). À 17 ans, long séjour dans un sanatorium.

1914-1918 Fait la guerre. En 1917, il rencontre Breton et Aragon. Publie des poèmes sous le nom d'Eluard.

1922 *Les Malheurs des immortels*, en collaboration avec Max Ernst.

1924 *Capitale de la douleur* (1926), *L'Amour de la poésie* (1929). Adhère au Parti communiste (1926).

1936 Amitié avec Picasso. *Les Yeux fertiles*.

1938-1944 Rompt avec Breton. Communiste, il soutient le peuple espagnol ; participe à la Résistance. *Poésie et vérité* (1942).

1946 *Poésie ininterrompue*.

1963 Gallimard publie un choix de poèmes d'Eluard en collection de poche. Tirage exceptionnel pour un poète : 60 000 exemplaires.

Liberté

Traduit en dix langues, parachuté par l'aviation sur les pays occupés, Liberté *(21 strophes) est devenu* LE *poème de la liberté d'expression.*

> Sur mes cahiers d'écolier
> Sur mon pupitre[1] et les arbres
> Sur le sable sur la neige
> J'écris ton nom
>
> Sur toutes les pages lues
> Sur toutes les pages blanches
> Pierre sang papier ou cendre
> J'écris ton nom [...]
>
> Sur la jungle et le désert
> Sur les nids sur les genêts[2]
> Sur l'écho de mon enfance
> J'écris ton nom [...]
>
> Sur l'absence sans désirs
> Sur la solitude nue
> Sur les marches de la mort
> J'écris ton nom
>
> Sur la santé revenue
> Sur le risque disparu
> Sur l'espoir sans souvenirs
> J'écris ton nom

> Et par le pouvoir d'un mot
> Je recommence ma vie
> Je suis né pour te connaître
> Pour te nommer
>
> Liberté.

Poésie et Vérité (1942),
éd. Gallimard.

1. Bureau pour les élèves en classe.
2. Arbres à fleurs jaunes.

OBSERVEZ

- D'une forme originale avec un refrain, ce poème ressemble à une devinette, à une incantation, à un discours oratoire. Il tend vers l'explosion finale de la révélation du mot « liberté », obsession vitale du poète engagé.
- Remarquez les moments de l'existence (« enfance », « mort », « renaissance », etc.) et les contraires (« sable » / « neige »).

Louis ARAGON

Témoin de son temps, poète et communiste

Qu'il s'agisse des romans ou de la poésie, Aragon semble écrire avec une extrême facilité. Ses poèmes sont graves, lyriques, passionnés ou légers. Ses positions politiques pro-communistes lui ont fait de nombreux ennemis.

À SIGNALER Les chanteurs Léo Ferré et Jean Ferrat ont mis en musique et chanté de nombreux poèmes d'Aragon, contribuant ainsi à sa popularité.

La Nuit de Moscou

Dans Le Roman inachevé, *il revient sur son passé, avoue ses erreurs politiques au moment où Khrouchtchev dénonce le stalinisme, mais conserve l'espoir grâce à son amour pour Elsa. Voici la fin du long poème intitulé* La Nuit de Moscou.

[...] On sourira de nous pour le meilleur de l'âme
On sourira de nous d'avoir aimé la flamme
Au point d'en devenir nous-mêmes l'aliment
Et comme il est facile après coup de conclure
Contre la main brûlée en voyant sa brûlure
On sourira de nous pour notre dévouement

Quoi je me suis trompé cent mille fois de route
Vous chantez les vertus négatives du doute
Vous vantez les chemins que la prudence suit
Eh bien j'ai donc perdu ma vie et mes chaussures
Je suis dans le fossé je compte mes blessures
Je n'arriverai pas jusqu'au bout de la nuit

Qu'importe si la nuit à la fin se déchire
Et si l'aube en surgit qui la verra blanchir
Au plus noir du malheur j'entends le coq chanter
Je porte la victoire au cœur de mon désastre
Auriez-vous crevé les yeux de tous les astres
Je porte le soleil dans mon obscurité.

Le Roman inachevé (1956), éd. Gallimard.

1897-1982

1919 À vingt-deux ans, avec André Breton et Philippe Soupault, il fonde la revue *Littérature*, qui est à l'origine du mouvement surréaliste. Il publie des poèmes *Feu de joie* (1920), *Mouvement perpétuel* (1925) et des romans : *Anicet* (1921), *Le Paysan de Paris* (1926).

1927 Il adhère au Parti communiste, rencontre Elsa Triolet, et effectue trois voyages en URSS.

1934-1945 Romans réalistes : *Les Cloches de Bâle, Les Beaux Quartiers, Les Voyageurs de l'impériale* (1942), *Aurélien* (1945). S'engage pour les combattants de la guerre d'Espagne et travaille dans la clandestinité avec le Parti communiste (1941). *Les Communistes* (1944) ; poèmes patriotiques : *Je te salue ma France* (1944) ; poèmes d'amour : *Le Crève-cœur* (1941), *Cantique à Elsa* (1942), *Les Yeux d'Elsa* (1942).

1956-1977 Retour sur le passé, poèmes : *Le Roman inachevé* (1956). Veille à la publication de ses œuvres complètes, croisées avec celles d'Elsa Triolet morte en 1970. Il meurt en 1982.

OBSERVEZ

- L'aveu d'un échec (« je me suis trompé », « j'ai perdu ma vie », « je suis dans le fossé ») : il a soutenu Staline et le parti.
- Dans cette nuit, reste un soleil : le poème suivant s'intitule « Prose du bonheur et d'Elsa ».

54 Jacques PRÉVERT
La poésie du quotidien, de la liberté et du bonheur

Prévert est un poète populaire. Il partage les tristesses et les bonheurs des gens ordinaires. Il donne une voix à leur indignation contre la guerre, contre les bourgeois, contre tout ce qui réduit la liberté. Cet anticonformiste, antimilitariste, anticlérical parle la langue du peuple. Ce n'est pas un révolutionnaire, mais un anarchiste qui s'exprime avec son cœur. Popularisé par l'école et par la chanson (Gréco, Montand) il est un des rares poètes du XXe siècle dont les poèmes sont connus d'un large public. On lui doit également les scénarios et dialogues de quelques-uns uns des plus grands films français, en collaboration avec Marcel Carné : *Les Visiteurs du soir* et *Les Enfants du paradis*.

© L. Monier / Gamma.

1900-1977

1900 Naissance à Neuilly-sur-Seine. Son père est un petit employé de bureau. Très mauvais élève. À quinze ans, il doit travailler pour gagner sa vie.

1925-1928 Il fréquente les surréalistes, mais est exclu du groupe par Breton. Rencontre Valery, Aragon, Desnos.

1930 Écrit des poèmes, des chansons (Kosma écrit la musique), du théâtre et des scénarios pour son frère Pierre. Il est proche du Parti communiste.

1932-1944 Écrit les scénarios et dialogues de plus de vingt films. Avec Marcel Carné : *Drôle de drame* (1937), *Les Visiteurs du soir* (1942), *Les Enfants du paradis* (1944).

1945 Réunit ses poèmes en un recueil : *Paroles*, vif succès. *Histoires* (1946).

1951 *Spectacle*, *La Pluie et le Beau Temps* (1955). Continue son activité de cinéaste et de parolier de chansons jusqu'à sa mort en 1977. *Cinquante chansons Prévert-Kosma* (1977, publié après sa mort).

À SIGNALER Quand Prévert s'est marié en 1930, il a indiqué comme profession : cinéaste. Et de fait, son véritable métier a été l'écriture de scénarios avec Marcel Carné, Claude Autant-Lara, Marc Allégret, Jean Renoir, Christian-Jaque, Jean Grémillon, Jean Delannoy, Paul Grimault, Joris Ivens...

Paroles

Dans Paroles, *on trouve des textes de toutes tailles et de tous registres : émouvants, critiques, amusants. Voici un des textes les plus connus de tous les écoliers de France :*

Le Cancre

Il dit non avec la tête
mais il dit oui avec le cœur
il dit oui à ce qu'il aime
il dit non au professeur
il est debout
on le questionne
et tous les problèmes sont posés
soudain le fou rire le prend
et il efface tout
les chiffres et les mots
les dates et les noms
les phrases et les pièges
et malgré les menaces du maître
sous les huées des enfants prodiges[1]
avec des craies de toutes les couleurs
sur le tableau noir du malheur
il dessine le visage du bonheur.

Paroles (1945), éd. Gallimard.

1. *Vers 14* : sous les critiques des bons élèves.

Les Enfants du paradis

FRÉDÉRICK : Ah !... vous avez souri ! Ne dites pas non, vous avez souri ! Ah ! c'est merveilleux ! La vie est belle !... et vous êtes comme elle.
GARANCE (Arletty) : C'est drôle. On dirait que vous avez couru.
FRÉDÉRICK : Oui, après vous !
GARANCE : Après moi ? Mais vous veniez à ma rencontre !
FRÉDÉRICK : Oui, justement ! Je vous ai vue tout à l'heure, alors vous comprenez, le choc, l'émotion, le temps de me décider... et vous étiez déjà loin..., alors !
GARANCE : Alors ?
FRÉDÉRICK : Alors, comme j'ai horreur de suivre les femmes, j'ai couru pour vous dépasser et précisément venir à votre rencontre ! Et maintenant, je ne vous quitte plus. Où allons-nous ?
GARANCE : C'est tout simple : vous allez de votre côté, moi du mien.
FRÉDÉRICK : Mais, c'est peut-être le même !
GARANCE : Non !
FRÉDÉRICK : Pourquoi ?
GARANCE : Parce que j'ai rendez-vous !
FRÉDÉRICK : Oh, rendez-vous ! Destin tragique... Voilà seulement deux minutes que « nous vivons ensemble » et vous voulez déjà me quitter. Oh ! et me quitter pour quoi, pour qui, pour un autre naturellement ! Et vous l'aimez, hein ! cet autre ?
GARANCE : Oh ! moi... j'aime tout le monde !
FRÉDÉRICK : Eh bien ! voilà qui tombe à merveille ! Je ne suis pas jaloux. Mais lui, l'« autre », il l'est, hein ! jaloux !
GARANCE : Qu'est-ce que vous en savez ?
FRÉDÉRICK : Oh ! ils le sont tous... sauf moi ! Mais n'en parlons plus. Pensons plutôt à nous, qui avons tant de choses à nous dire.
GARANCE : Vraiment !
FRÉDÉRICK : Oui, vraiment ! D'abord, je vous dirai mon nom... Je m'appelle Frédérick. Vous, vous me direz le vôtre...
GARANCE : On m'appelle Garance.
FRÉDÉRICK : Garance... Oh ! c'est joli.
Garance : C'est le nom d'une fleur.
FRÉDÉRICK : D'une fleur rouge... comme vos lèvres... Alors ?
GARANCE : Alors, au revoir... « Frédérick ».
FRÉDÉRICK : Oh ! non, vous n'allez pas m'abandonner comme ça, me laisser tout seul sur le Boulevard du Crime. Dites-moi, au moins, quand je vous reverrai ?
GARANCE : Bientôt, peut-être... Sait-on jamais avec le hasard !
FRÉDÉRICK : Oh ! Paris est grand, vous savez !
GARANCE : Paris est tout petit pour ceux qui s'aiment « comme nous » d'un aussi grand amour.

Les Enfants du paradis (1944), éd. Balland.

OBSERVEZ

Le Cancre
- Prévert a une affection particulière pour les enfants soumis au pouvoir des adultes et à une institution sévère, l'école. Il prend le parti du mauvais élève contre le professeur et la société bien pensante.
- Grâce à la langue parlée, bien rythmée avec des répétitions voulues (il dit « oui » / il dit « non » ; « Ils » ; « chaque »), de la fantaisie, des jeux de mots, il déstabilise l'ordre établi. Il y a de la liberté dans le langage.

Les Enfants du paradis
- Un homme aborde une femme dans la rue. C'est le modèle de la scène de drague.

55 SAINT-EXUPÉRY (Antoine de)

1900-1944

1900 Né à Lyon, élevé par sa mère et sa grand-mère, hésite entre l'École navale et les Beaux-arts.

1921 Fait son service militaire dans l'aviation.

1927 Pilote de ligne entre Toulouse et Dakar.

1928 Chef d'escale aux limites du désert de Mauritanie.

1929-1939 En poste à Buenos Aires, participe au début de la liaison France-Amérique. Publie *Courrier Sud* (1930), *Vol de nuit* (1931). Effectue différentes missions et des grands reportages. *Terre des hommes* (1939), *Pilote de guerre* (1942).

1944 Il disparaît en mer au cours d'une mission aérienne.

Le Petit Prince (1945) et *Citadelle* (1948) sont publiés après sa mort.

Le romancier de la fraternité entre les hommes

Toute l'œuvre de Saint-Exupéry est une méditation sur son expérience d'homme et de pilote d'avions. Il y a un aspect documentaire dans ce récit des heures héroïques de l'aviation. Il y a aussi une analyse des sentiments profonds qu'entraîne l'exercice du métier de pilote : la volonté, le désir de se dépasser, la persévérance. Mais c'est surtout le sens de la responsabilité (à l'égard des amis, des relations professionnelles ou simplement à l'égard du courrier qu'il transporte), de la solidarité entre collègues, mais aussi entre tous les hommes, qui sont au centre de son message. Dans un siècle séduit par la philosophie de l'absurde, il est le défenseur des valeurs qui fondent l'idée d'humanité : « Si la vie humaine n'a pas de prix, nous agissons toujours comme si quelque chose dépassait, en valeur, la vie humaine. » *(Vol de nuit)*.

À SIGNALER

C'est lors d'un baptême de l'air qu'il fit quand il avait douze ans qu'est née la vocation de pilote de celui que ses compagnons appelaient Saint-Ex. Parmi ses exploits d'aviateur, la tentative de battre le record de Paris-Saigon en 1935 a failli lui coûter la vie, car, comme dans *Le Petit Prince*, son avion s'est écrasé en plein désert. Plus tard, dans une tentative pour relier New-York à la Terre de feu, il est blessé et passe une longue convalescence à New-York avec sa femme Consuelo.

« On ne voit bien qu'avec le cœur »

Un aviateur, tombé en plein désert, voit apparaître un enfant blond tombé d'une autre planète. Ce petit prince lui raconte les rencontres qu'il a faites. Voici ce que lui a dit le renard.

– Je suis un renard, dit le renard.
– Viens jouer avec moi, lui proposa le petit prince. Je suis tellement triste...

– Je ne puis pas jouer avec toi, dit le renard. Je ne suis pas apprivoisé.
– Ah ! pardon, fit le petit prince.
Mais après réflexion, il ajouta :
– Qu'est ce que ça signifie « apprivoiser » ? [...]
– C'est une chose trop oubliée, dit le renard. Ca signifie « créer des liens... ». [...]
« Ma vie est monotone. Je chasse les poules, les hommes me chassent. Toutes les poules se ressemblent et tous les hommes se ressemblent. Je m'ennuie donc un peu. Mais si tu m'apprivoises[1], ma vie sera comme ensoleillée. Je connaîtrai un bruit de pas qui sera différent de tous les autres. Les autres pas me font rentrer sous terre. Le tien m'appellera hors du terrier[2], comme une musique. Et puis regarde ! Tu vois, là-bas, les champs de blé ? Je ne mange pas de pain. Le blé pour moi est inutile. Les champs de blé ne me rappellent rien. Et ça, c'est triste : mais tu as des cheveux couleur d'or. Alors ce sera merveilleux quand tu m'auras apprivoisé ! Le blé, qui est doré, me fera souvenir de toi. Et j'aimerai le bruit du vent dans le blé... »
Le renard se tut et regarda longtemps le petit prince :
« S'il te plaît... apprivoise-moi ! dit-il.
– Je veux bien, répondit le petit prince, mais je n'ai pas beaucoup de temps. J'ai des amis à découvrir et beaucoup de choses à connaître.
– On ne connaît que les choses que l'on apprivoise, dit le renard. Les hommes n'ont plus le temps de rien connaître. Ils achètent des choses toutes faites chez les marchands. Mais comme il n'existe point de marchands d'amis, les hommes n'ont plus d'amis. Si tu veux un ami, apprivoise-moi !
– Que faut-il faire ? dit le petit prince.
– Il faut être très patient, répondit le renard. Tu t'assoiras d'abord un peu loin de moi, comme ça, dans l'herbe. Je te regarderai du coin de l'œil et tu ne diras rien. Le langage est source de malentendus. Mais, chaque jour, tu pourras t'asseoir un peu plus près. »
Le lendemain revint le petit prince.
« Il eût mieux valu revenir à la même heure, dit le renard. Si tu viens, par exemple, à quatre heures de l'après-midi, dès trois heures, je commencerai d'être heureux. Plus l'heure avancera plus je me sentirai heureux. À quatre heures, déjà, je m'agiterai et m'inquiéterai ; je découvrirai le prix du bonheur ! Mais si tu viens n'importe quand, je ne saurais jamais à quelle heure m'habiller le cœur... Il faut des rites[3]. »

Le Petit Prince (1945), éd. Gallimard.

1. *Si tu m'apprivoises* : si tu crées une confiance, une amitié.
2. Endroit où vit le renard.
3. Habitudes devenues sacrées.

OBSERVEZ

- Le monde vit dans l'agressivité, le commerce, alors que l'important est la confiance qui peut exister entre les êtres.
- L'amitié fait voir l'univers différemment : les blés ressemblent aux cheveux ; le temps est occupé (« patience », « attente »).
- Le souci de la quantité est condamné (« beaucoup de choses à connaître ») ; on connaît ce qu'on choisit et ce qu'on aime vraiment.

56 André MALRAUX

Art ou révolution : un romancier engagé

Dans la vie comme dans l'écriture, deux voies s'ouvrent à l'homme moderne en quête d'absolu : l'engagement dans l'action politique ou la production artistique. Les deux options se mêlent dans la vie et les romans de Malraux. À l'engagement auprès des républicains espagnols correspond *L'Espoir*, au début de la révolution communiste chinoise, qu'il a suivie, correspond *La Condition humaine*.

Mais Malraux est un révolutionnaire paradoxal : ses héros sont rapidement conscients de l'échec de leur entreprise. Ils continuent néanmoins, estimant que c'est dans le combat, même perdu d'avance, que se trouve leur dignité d'homme.

Amateur d'art (on lui a reproché d'avoir volé des statues khmères), il a écrit de nombreux ouvrages sur l'esthétique et s'est intéressé à l'écriture cinématographique. Il utilise cette technique dans la composition de ses romans : montage alterné, ellipses et accélérations brusques, tableaux expressionnistes.

À SIGNALER

La prose post-classique de Malraux ainsi que ses engagements politiques ont pu irriter certains critiques.
À André Gide qui s'étonnait de ce qu'il n'y ait pas d'imbéciles dans ses romans, Malraux répondait : « Je n'écris pas pour m'embêter ! ».

Ph. R. Parry, © Gallimard. DR

1901-1976

1901-1921 Naissance à Paris. Ses parents sont épiciers. Après leur divorce, il est élevé par des femmes. À 17 ans, passionné d'art, il suit les cours du musée Guimet et apprend le sanskrit. Pour vivre, il vend des livres d'occasion, rencontre Gide, Max Jacob, qui l'encouragent à écrire. Devient l'ami des peintres en particulier Picasso.

1923-1925 Départ pour l'Indochine à la recherche de statues khmères ; passage en Chine ; contacts avec des révolutionnaires communistes.

1926-1933 *La Tentation de l'Occident* (1926), confrontation des cultures occidentales et asiatiques, méditation sur l'effondrement des valeurs de la civilisation européenne. *Les Conquérants* (1928), *La Voie royale* (1930) ; obtention du prix Goncourt pour *La Condition humaine* (1933).

1936 *Le Temps du mépris* (dénonciation du totalitarisme nazi). Engagement aux côtés des républicains dans la guerre civile espagnole. *L'Espoir* (1937), dénonciation du fascisme espagnol.

1940-1944 Engagement dans la résistance, prisonnier, évadé, blessé ; *Les Noyers de l'Altenburg* (1943).

1947-1951 Écrits sur l'art et voyages dans le monde. *Le Musée imaginaire de la sculpture mondiale* (1947) ; *Les Voix du silence* (1951), réflexion sur l'histoire et les cultures ; *La Métamorphose des dieux* (1957), réflexion sur l'histoire de l'art.

1958-1969 Ministre des Affaires culturelles du Général de Gaulle ; début de la parution des *Antimémoires* (1968), première partie du *Miroir des Limbes*.

1974 *La Métamorphose des dieux*, 2e tome, *La Tête d'Obsidienne*.

Une mort héroïque

L'action se passe en Chine, en 1927. Katow, un révolutionnaire russe, est arrêté par des hommes du Kuomintang. Tous les prisonniers sont condamnés à être brûlés vifs dans la chaudière d'une locomotive. Certains disposent d'un poison (le cyanure) pour éviter de souffrir...

Parmi les prisonniers, la rumeur grossissait. L'officier regarda Katow :
– Morts ?
Pourquoi répondre ?
– Isolez les six prisonniers les plus proches !
– Inutile, répondit Katow : c'est moi qui leur ai donné le cyanure.
L'officier hésita :
– Et vous ? demanda-t-il enfin.
– Il n'y en avait que pour deux, répondit Katow avec une joie profonde.
« Je vais recevoir un coup de crosse dans la figure », pensa-t-il.
La rumeur des prisonniers était devenue presque une clameur.
– Marchons, dit seulement l'officier.
Katow n'oubliait pas qu'il avait été déjà condamné à mort, qu'il avait vu les mitrailleuses braquées sur lui, les avait entendues tirer... « Dès que je serai dehors, je vais essayer d'en étrangler un, et de laisser mes mains assez longtemps serrées pour qu'ils soient obligés de me tuer. Ils me brûleront, mais mort ». À l'instant même, un des soldats le prit à bras-le-corps[1], tandis qu'un autre ramenait ses mains derrière son dos et les attachait. « Les petits[2] auront eu de la veine[3], pensa-t-il. Allons ! supposons que je sois mort dans un incendie ». Il commença à marcher. Le silence retomba, comme une trappe[4], malgré les gémissements. Comme naguère[5] sur le mur blanc, le fanal[6] projeta l'ombre maintenant très noire de Katow sur les grandes fenêtres nocturnes, il marchait pesamment, d'une jambe sur l'autre, arrêté par ses blessures ; lorsque son balancement se rapprochait du fanal, la silhouette de sa tête se perdait au plafond. Toute l'obscurité de la salle était vivante, et le suivait du regard pas à pas. Le silence était devenu tel que le sol résonnait chaque fois qu'il le touchait lourdement du pied, toutes les têtes, battant de haut en bas, suivaient le rythme de sa marche, avec amour, avec effroi, avec résignation, comme si, malgré les mouvements semblables, chacun se fût[7] dévoilé en suivant ce départ cahotant. Tous restèrent la tête levée : la porte se refermait.

La Condition humaine, sixième partie (1933), éd. Gallimard.

1. *Le prit à bras-le-corps* : l'entoura violemment de ses bras. 2. Katow a en effet offert une pilule de cyanure à deux de ses jeunes camarades qui ne supportaient pas l'idée de brûler vifs. Il s'est donc condamné lui-même à cette mort atroce. 3. De la chance (fam.). 4. Planche de bois qui ferme une ouverture dans le sol. 5. Autrefois. 6. Lumière, signal lumineux. 7. S'était.

OBSERVEZ

- Katow passe de l'attitude du risque-tout (« Ils me brûleront, mais mort ») à une résignation presque stoïcienne (« Les petits [...] dans un incendie »). Cette résignation fait de lui un martyr.

- Katow martyr devient dans sa mort un véritable héros. Remarquez le grandissement épique que fait subir la lumière à sa silhouette, le silence majestueux qui entoure sa marche : on pense à l'expressionnisme d'un Eisenstein dans *Ivan le Terrible*.

- La mort courageuse de Katow devient un exemple pour tous ses camarades prisonniers couchés à terre. Remarquez comment, grâce à la personnification de la salle, ceux-ci deviennent un seul et même individu collectif.

57 Raymond QUENEAU

Invention verbale et exercice de style

Il y a un instinct de jeu chez Queneau. Les combinaisons mathématiques que l'on peut faire subir aux formes littéraires l'amusent *(Cent mille milliards de poèmes)*, les variations d'expressions qui peuvent servir à raconter une même histoire lui plaisent. Mais son plus grand plaisir, c'est de jouer sur toute la gamme du langage : l'argot, la langue orale, surtout si on l'écrit « fonetikement » et si on la mélange avec la langue académique.

Zazie dans le métro

Zazie est une enfant de dix ans environ. Elle vient à Paris et demande à son oncle Gabriel de lui faire visiter la ville. Elle veut prendre le métro.

« Tonton, qu'elle crie, on prend le métro ?
– Non.
– Comment ça, non ?
– Elle s'est arrêtée. » Gabriel stoppe[1] également, se retourne, pose la valoche[2] et se met à expliquer : « Bin[3] oui : non. Aujourd'hui, pas moyen. Y a grève.
– Y a grève ?
– Bin oui : y a grève[4]. Le métro, ce moyen de transport éminemment parisien, s'est endormi sous terre, car les employés aux pinces perforantes[5] ont cessé tout travail.
– Ah les salauds[6], s'écrie Zazie, ah les vaches[6]. Me faire ça à moi.
– Y a pas qu'à toi qu'ils font ça, dit Gabriel parfaitement objectif.
– Jm'en fous[7]. N'empêche que c'est à moi que ça arrive, moi qu'étais si heureuse, si contente et tout de m'aller voiturer[8] dans lmétro[9]. Sacrebleu, merde alors.

Zazie dans le métro (1959), éd. Gallimard.

1. S'arrête (fam.). 2. Valise (fam.). 3. Eh bien (*imitation de l'oral*). 4. *Y a* : Il y a. 5. À l'époque, les employés faisaient des trous dans les billets (style pompeux). 6. Insultes. 7. *Jm'en fous* : ça m'est égal (fam.). 8. *m'aller voiturer* : circuler (style pompeux). 9. Le métro (fam.).

1903-1976

1903 Naissance au Havre. Ses parents sont merciers.

1924 Licence de philosophie. Membre du groupe surréaliste. En désaccord avec André Breton, il quitte le groupe en 1929.

1933-1950 *Le Chiendent*, roman (1933) ; *Chèvre et chien*, poèmes (1937) ; *Pierrot mon ami*, roman (1942) ; *Loin de Rueil*, roman (1944) ; *Exercices de style* (1947) : 100 réécritures d'une même histoire.

1950-1953 Il écrit des dialogues de films (*Monsieur Ripois*, de René Clément, en 1953).

1959 Succès de *Zazie dans le métro* (roman dont Louis Malle fera un film en 1960). Il fonde l'OuLiPo. *Cent mille milliards de poèmes*, poésie combinatoire (1961) ; *Les Fleurs bleues*, roman (1965), *Le Vol d'Icare* roman (1968).

À SIGNALER

La même année, en 1951, Queneau est reçu à l'Académie Goncourt et au « Collège de pataphysique », académie burlesque qui parodie les académies. Il prend la direction de l'Encyclopédie de la Pléiade, collection prestigieuse des éditions Gallimard.

OBSERVEZ

- Le mélange des niveaux de langue : parfois la langue est recherchée (« les employés aux pinces perforantes »), parfois grossière (« Ah les salauds » ; « merde alors »). Il y a beaucoup de reprise de la langue orale (« qu'elle crie » ; « Bin oui » ; « lmétro »).
- Le personnage de Zazie, décidé, grossier, dit ses vérités en toute liberté à la société conventionnelle.

Georges PEREC

Un manipulateur du langage

Perec est un technicien de l'écriture. Sa matière, c'est la langue, ses objets, les mots. Il s'impose des règles formelles (absence ou présence unique de la voyelle « e »). Le sens devient secondaire. Dans *Les Choses*, l'accumulation exprime les rêves de la société de consommation. *La Vie mode d'emploi* est un ensemble éclaté, un puzzle que le lecteur doit reconstituer.

À SIGNALER

Dans *La Disparition*, Perec se lance le défi formel de supprimer les « e » dans une langue où les mots masculins sont précédés de l'article « le » et dont les mots féminins se terminent souvent par un « e » muet …

Double défi

Perec reprend le poème de Mallarmé (cf. infra, p. 59) et l'imite en n'utilisant aucun « e ».

Bris marin

Las, la chair s'attristait. J'avais lu tous folios[1].
Fuir ! Là-bas fuir ! J'ai vu titubant l'albatros[2]
D'avoir couru aux flots inconnus, à l'azur !
Nul, ni nos noirs jardins dans ton voir[3] aussi pur
N'assouvira mon flanc[4] qui, marin, s'y baignait.
Ô, Nuits ! Ni l'abat-jour insolant[5] qui brûlait
Sur un vain papyrus aboli par son Blanc
Ni la bru[6] qui donnait du lait à son Infant[7].
Partirai[8] ! Ô transat[9] balançant ton grand foc[10],
Sors du port ! Cinglons[11] sur l'inouï lointain du roc.
Un chagrin abattu par nos souhaits d'un soir
Croit toujours au salut qui finit au mouchoir.
Mais parfois un dur mât invitant l'Ouragan
Fait-il qu'un Aquillon[12] l'ait mis sur un brisant
Omis, sans mâts, sans mâts, ni productifs îlots,
Mais ouïs[13] nos marins chantant aux apparaux[14] !
                                        MALLARMUS

La Vie mode d'emploi (1978), éd. Hachette.

1936-1982

1936 Né de parents juifs polonais émigrés en France. Son père meurt à la guerre (1940), sa mère à Auschwitz (1943).

1956 Ses trois premiers romans sont refusés par les éditeurs.

1965 *Les Choses* est un succès : prix Renaudot.

1968 Adhère à l'OuLiPo (Ouvroir de Littérature Potentielle), école littéraire qui préfère le défi formel au réalisme en littérature.

1969-1982 *La Disparition* (roman de 200 pages sans « e »), *Les Revenentes* (1972, roman avec « e » comme seule voyelle), *W ou le souvenir d'enfance* (1975), *La Vie mode d'emploi* (1978, sa grande œuvre de 700 pages), *Je me souviens* (1982).
Il meurt d'un cancer des bronches foudroyant, en laissant beaucoup de textes inachevés et inédits.

---

1. Livre (lexique savant).
2. Oiseau de mer.
3. *(le) voir* : (le) regard.
4. *N'assouvira un flanc* : n'apaisera mon cœur.
5. Insolent (orthographe de l'auteur).
6. Épouse du fils.
7. Enfant (lexique savant).
8. Je partirai.
9. Bateau transatlantique.
10. *Grand foc* : type de voile.
11. Naviguons.
12. Vent du nord.
13. Entends.
14. Ancien pluriel d'appareil ; machine maritime.

OBSERVEZ

- Perec illustre une tendance de la littérature de la seconde moitié du XXe siècle qui consiste à privilégier le langage et non à l'utiliser comme un moyen au service du sens. L'exploit technique est remarquable.

- Vérifier le sens en comparant ce texte au poème de Mallarmé.

59 Georges SIMENON

Le romancier des ambiances

Dans le roman tel que le conçoit Simenon, l'intrigue n'est qu'un prétexte. Ce qui l'intéresse, ce sont les gens qui ont leurs habitudes, qui ont du mal à vivre, qui inventent des petites excuses pour paraître mieux qu'ils ne sont. L'atmosphère de la région, du quartier, de la maison, voilà sur quoi enquête le romancier pour essayer de comprendre. Ce sont des romans psychologiques populaires, qui tirent leur charme de la description de gens ordinaires dans des décors parfaitement évoqués, des brumes du Nord aux chaleurs des îles tropicales.

À SIGNALER

- Avant d'écrire un Maigret, Simenon se promenait, respirait l'atmosphère d'un lieu. Il attendait ensuite un déclic. Puis, il écrivait un chapitre par jour et prétendait perdre 3 kg par roman. Souvent, il ne connaissait pas le coupable avant de commencer à écrire.
- Entre 1954 et 1972 paraissent deux Maigret par an. Simenon a vendu environ 100 millions d'exemplaires en France et 500 millions à travers le monde.

1903-1989

1903 Naissance à Liège, en Belgique. Son père travaille dans une compagnie d'assurance.

1919 Arrive à Paris, travaille dans les journaux et écrit, sous de nombreux pseudonymes, des fictions pour la littérature populaire.

1931 Commence une série de romans psychologiques et une série policière avec l'inspecteur Maigret. Deux cents romans traduits en une centaine de langues suivront. Plus de cinquante seront portés au cinéma (*La Nuit du carrefour* de Jean Renoir, 1932).

1934 Il se considère comme un vrai écrivain et publie dix romans chez Gallimard *(Le Testament Donatien, L'Inconnu dans la maison)*.

1945-1955 Vit aux États-Unis et au Canada. Au cinéma : *La Marie du port* de Marcel Carné, 1950.

1948 *La Neige était sale, Pedigree*.

1957 S'installe en Suisse. *Le Chat* (adapté au cinéma par Pierre Granier Deferre, 1970).

1963 *Les Anneaux de Bicêtre*.

1989 Il meurt, très marqué par le suicide de sa fille, qui a eu lieu une dizaine d'années plus tôt.

Ses mémoires paraissent en 1993.

Les littératures d'expression française

Simenon est un auteur belge comme Verhaeren et Maeterlinck ou Ghelderode. L'usage est de considérer que la langue est plus importante que les frontières. La littérature d'expression française s'enrichit ainsi de l'apport des Québécois (Miron, Antonine Maillet...), comme des Libanais (Schehadé, Andrée Chedid, Amin Maalouf...), des Égyptiens (Cossery, Jabès...) et des Suisses (Ramuz, Jaccottet, Albert Cohen...). Les nombreux auteurs du Maghreb (Kateb Yacine, Assia Djebar, Rachid Mimouni, Mohammed Dib, Tahar Ben Jelloun...), de la Caraïbe (Damas, Depestre, Glissant, Fanon, Césaire, Confiant, Chamoiseau...) et d'Afrique Noire (Senghor, Sembène Ousmane, Cheikh Hamidou Kane, Ahmadou Kourouma, Hampâté Bâ, Lopès, Camara Laye...) utilisent le français au service de cultures extrêmement différentes de la culture française traditionnelle. On pourrait également citer dans ce groupe des auteurs de l'Océan Indien et de l'Asie du Sud-Est.

La fin d'une enquête

Au terme d'une enquête qui a obligé Maigret à prendre pension chez Mlle Clément, le commissaire découvre l'homme qui a tiré sur ses inspecteurs. Il l'autorise, avant de l'arrêter, à rendre visite une dernière fois à celle qu'il aime, Mlle Blanche. Celle-ci habite en face de la pension ; elle est malade et passe sa vie au lit.

« Vous me permettriez d'aller la voir avant de me constituer prisonnier ? »
Mlle Clément était toujours immobile dans la cuisine, sa casserole à la main, et Lucas[1], dans son fauteuil, semblait retenir son souffle.
« – À une condition.
– Laquelle ?
– C'est que vous n'attenterez ni à ses jours[2], ni aux vôtres. Même si elle vous le demande. [...]
– Je resterai à ma fenêtre durant votre visite. Vous ne fermerez pas les rideaux, ne baisserez pas le store.
– Je le promets.
– Quand vous sortirez de la maison, une petite voiture noire attendra un peu plus bas dans la rue. Il vous suffira de m'y rejoindre. »
Un silence. Enfin le bruit du récepteur que l'on raccrochait.
Maigret prit le temps de rallumer sa pipe, gagna la porte du salon et regarda vaguement Lucas.
« Tu vas téléphoner au Quai[3] pour demander une voiture. Tu la feras arrêter un peu plus bas dans la rue. » [...] Pendant que Lucas se dirigeait vers l'appareil, Maigret prenait une bouteille de bière derrière la porte de la cave, sans un coup d'œil à Mlle Clément qu'il ne paraissait pas voir. Puis il s'engagea dans l'escalier, qu'il monta lentement, jeta un coup d'œil dans la chambre de Mlle Blanche qui était étendue sur son lit, en peignoir, et lisait le journal.

Maigret en meublé[4] (1978),
éd. Presses de la Cité.

OBSERVEZ

- C'est la fin d'une enquête. Maigret a découvert le coupable. Il n'éprouve pas un sentiment de victoire, mais la simple satisfaction du devoir accompli et de la compassion pour l'assassin. Il est sensible, délicat et humain.
- L'homme qui a tué n'est pas un vulgaire criminel. Il a le sens de l'honneur, il aime une femme malade, il a le respect de la parole donnée, c'est un homme digne.
- Les relations entre les deux hommes, entre les habitants du quartier (Mlle Clément, Mlle Blanche), l'équipe policière (Lucas, Maigret), les gestes familiers de Maigret (pipe, bière), tout contribue à créer l'atmosphère familière spécifique des romans de Simenon.

---

1. Un inspecteur qui fait partie de l'équipe de Maigret.
2. *Attenter à ses jours* : se suicider.
3. Le Quai des Orfèvres, centre de la police.
4. Logement (ou chambre) loué(e) avec les meubles.

60 — Marguerite YOURCENAR
Autobiographie de la mémoire

1903-1987

L'œuvre de Marguerite Yourcenar se caractérise par un rapport très particulier à l'autobiographie, qu'elle pratique en habitant véritablement ses personnages, comme un acteur joue un rôle. Qu'elle rédige un roman historique à la première personne, comme dans les *Mémoires d'Hadrien*, un empereur romain, ou qu'elle choisisse de retracer, dans *Archives du nord*, l'histoire de sa famille, elle est toujours à la fois présente et absente du récit. Cela produit une œuvre d'un esthétisme distant dans les *Mémoires d'Hadrien*, un texte bouillonnant d'une vie désordonnée dans *L'Œuvre au noir* ou admirable de simplicité dans les *Nouvelles Orientales*. Passionnée par toutes les formes d'expression culturelle du monde, elle s'intéresse aussi bien au Nô japonais qu'à la poésie grecque antique ou aux blues du sud des États-Unis. Son œuvre comporte la traduction d'œuvres poétiques de tous les pays.

À SIGNALER Le lendemain de son élection à l'Académie Française, qui consacrait l'entrée de la première femme destinée à siéger sous la Coupole, un dessin parut dans le journal *Le Monde*. Il représentait les deux portes des toilettes de l'Académie Française : sur l'une on pouvait lire « Hommes » ; sur l'autre « Marguerite Yourcenar » !

© F. Guenet / Gamma.

1903 Naissance, à Bruxelles, de Marguerite de Crayencour (Yourcenar est une anagramme). Ne va pas à l'école, mais se forme à la culture classique auprès de son père, un aristocrate cultivé, avec qui elle voyage en Italie et en Grèce.

1921 *Alexis ou le traité du vain combat.*

1937-1947 Traductions d'œuvres de Virginia Woolf (1937), Henry James (1947).

1949 Se fixe aux États-Unis où elle habite jusqu'à la fin de sa vie tout en effectuant de fréquents voyages en Europe.

1951-1979 Production romanesque : *Mémoires d'Hadrien* (1951), *Fleuve profond, sombre rivière* (1964), *L'Œuvre au noir* (1968), traduction de textes de blues, *La Couronne et la Lyre* (1979), anthologie de poésie grecque classique.

1980 Marguerite Yourcenar est la première femme à entrer à l'Académie française.

1987 Mort de M. Yourcenar dans l'île des Monts Déserts (Maine, É.-U.)

1988 Publication posthume de *Quoi ? l'éternité*, dernier volume du triptyque autobiographique *Le Labyrinthe du monde*.

Il faut manger pour vivre...

Hadrien, empereur romain du IIe siècle, dans une lettre à son neveu, réfléchit à son existence.

Trop manger est un vice romain, mais je fus sobre avec volupté. Hermogène[1] n'a rien eu à modifier à mon régime, si ce n'est peut-être cette impatience qui me faisait dévorer n'importe où, à n'importe quelle heure, le premier mets venu, comme pour en finir d'un seul coup avec les exigences de ma faim. Et il va de soi qu'un homme riche, qui n'a jamais connu que le dénuement[2] volontaire, ou n'en a fait l'expérience qu'à titre provisoire, comme l'un des incidents plus ou moins excitants de la guerre et du voyage, aurait mauvaise grâce à se vanter de ne pas se gorger[3]. S'empiffrer[3] à certains jours de fête a toujours été l'ambition, la joie et l'orgueil naturel des pauvres ; J'aimais l'arôme de viandes rôties et le bruit de marmites raclées des réjouissances de l'armée et que les banquets du camp (ou ce qui au camp était un banquet) fussent ce qu'ils devraient toujours être, un joyeux et grossier contrepoids aux privations des jours ouvrables ; je tolérais assez bien l'odeur des Saturnales. Mais les festins de Rome m'emplissaient de tant de répugnance et d'ennui que si j'ai cru mourir au cours d'une exploration ou d'une expédition militaire, je me suis dit, pour me réconforter, qu'au moins, je ne dînerai plus. Ne me fais pas l'injure de me prendre pour un vulgaire renonciateur : une opération qui a lieu deux ou trois fois par jour, et dont le but est d'alimenter la vie, mérite assurément tous nos soins. Manger un fruit, c'est faire entrer en soi un bel objet vivant, étranger, nourri et favorisé comme nous par la terre ; c'est consommer un sacrifice où nous nous préférons aux choses. Je n'ai jamais mordu dans la miche de pain des casernes sans m'émerveiller que cette concoction[4] lourde et grossière sut se charger en sang, en chaleur, peut-être en courage.

Mémoires d'Hadrien (1958), éd. Plon.

1. Médecin d'Hadrien. 2. Simplicité. 3. Manger beaucoup. 4. Mélange.

Porter la livrée du temps

Zénon, médecin et alchimiste, vit en Flandres au XVIᵉ siècle. Il cherche à trouver « l'œuvre au noir » (l'Absolu), dernière étape menant à la pierre philosophale (la vérité).

Ce voyageur au bout d'une étape de plus de cinquante ans s'obligeait pour la première fois de sa vie à retracer en esprit les chemins parcourus, distinguant le fortuit du délibéré[1], ou du nécessaire, s'efforçant de faire le tri entre le peu qui semblait venir de soi et ce qui appartenait à l'indivis[2] de sa condition d'homme. Rien n'était tout à fait pareil, ni non plus tout à fait contraire, à ce qu'il avait d'abord voulu ou préalablement pensé. [...] À vingt ans, il s'était cru libéré des routines ou des préjugés qui paralysent nos actes et mettent à l'entendement des œillères, mais sa vie s'était passée ensuite à acquérir sou par sou cette liberté dont il avait cru d'emblée posséder la somme. On n'est pas libre tant qu'on désire, qu'on veut, qu'on craint, peut-être qu'on vit. Médecin, alchimiste, artificier, astrologue, il avait porté bon gré mal gré la livrée[3] de son temps ; il avait laissé le siècle imposer à son intellect certaines courbes.

L'Œuvre au noir (1968), éd. Gallimard.

1. L'inattendu du prévu. 2. L'inséparable. 3. L'habit des domestiques, l'uniforme.

OBSERVEZ

Mémoires d'Hadrien

- Cette réflexion sur la nourriture, mise dans la bouche d'un empereur romain, est proche des convictions de l'auteur (frugalité, mesure, goût des choses simples).

- Il y a une distance philosophique dans le regard qu'Hadrien porte sur les choses. Il ne se satisfait pas de manger, il réfléchit à ce que signifie l'action de manger.

L'Œuvre au noir

- Arrivé à cinquante ans, Zénon porte sur sa vie un regard désabusé : il s'aperçoit qu'il n'a pas été supérieur aux autres hommes, qu'il n'est pas plus libre qu'eux, en dépit de sa science.

61 Jean-Paul SARTRE
Le philosophe de l'engagement

1905-1980

Sartre est le philosophe français le plus marquant du XXᵉ siècle. Par sa personnalité, par l'abondance de sa production, par la diversité des genres qu'il a abordés (ouvrages philosophiques, romans, nouvelles, essais, articles, ouvrages critiques, autobiographie, pièces de théâtre), et par son activisme militant, il a marqué la pensée et la littérature de son temps. Dans son œuvre littéraire, il montre des héros dans un contexte historique, social ou politique précis. Ces personnages se trouvent dans l'obligation de choisir, c'est ce qui montre qu'ils sont libres ; ils sont responsables. Placé devant les grands problèmes de l'époque – l'engagement pour une cause, la nécessité de choisir son camp et d'agir en temps de guerre, le problème du but à atteindre et des moyens pour y parvenir, le racisme – l'homme est responsable de lui-même, il est ce qu'il fait de lui-même. Toujours du côté des opprimés, Sartre mène un combat continuel contre les bourgeois, qu'il traite de « salauds ».

1905 Son père, officier de marine, meurt l'année qui suit sa naissance. Élevé par des femmes.

1929 Agrégation de philosophie. Rencontre Simone de Beauvoir.

1938 Professeur dans différents lycées en province et à Paris. *La Nausée*, roman, succès ; *Le Mur*, nouvelles.

1940 Publie sa thèse, *L'Être et le Néant* (1943) et écrit, pour le théâtre, *Les Mouches* (1943) et *Huis clos* (1944). Fonde la revue *Les Temps modernes*.

1945-1948 Rencontre puis brouille avec Camus. Écrit les deux premiers tomes de *Les Chemins de la liberté* (1945) ; des essais : *Baudelaire* (1947), *Réflexions sur la question juive* (1947), *Situations I* et *Situations II* ; et du théâtre : *Les Mains sales* (1948).

1956 S'éloigne du Parti communiste lors de l'intervention soviétique à Budapest. Soutient la décolonisation. Voyage en Chine, à Cuba, au Brésil.

1963 *Les Mots*, autobiographie. Refuse le prix Nobel.

1971 *L'Idiot de la famille* (3 000 pages sur Flaubert). Participe à la création du journal *Libération* (1972). Il meurt en 1980. 50 000 personnes suivent son enterrement.

Les intellectuels engagés

Le XXᵉ siècle se caractérise par l'apparition de la figure de l'intellectuel, homme d'écriture et de pensée, impliqué dans les grands débats politiques et philosophiques du siècle. Cette notion d'intellectuel engagé prendra tout son sens pendant les moments marquants de l'histoire de cette période : la guerre d'Espagne, la Résistance, la guerre d'Algérie, la guerre d'Indochine, Mai 68. Le parti communiste occupe dans ce débat une place essentielle, soit qu'on y adhère sans condition, comme Aragon, soit qu'on s'en démarque, comme beaucoup le feront en 1956 après l'invasion de la Hongrie par les troupes soviétiques, soit que l'on reste indéfiniment un « compagnon de route ». Des personnalités aussi diverses qu'Aragon, René Char, André Malraux, Paul Eluard, Robert Desnos, Aimé Césaire, André Gide, Camus ou Sartre prolongent d'une certaine manière la lignée des intellectuels déjà amorcée par Victor Hugo et Émile Zola.

La Nausée

Antoine Roquentin tient son journal. Il décrit ici une expérience existentielle qui donne son titre au roman.

Je ne peux pas dire que je me sente allégé ni content ; au contraire, ça m'écrase. Seulement mon but est atteint : je sais ce que je voulais savoir ; tout ce qui m'est arrivé depuis le mois de janvier, je l'ai compris. La Nausée[1] ne m'a pas quitté et je ne crois pas qu'elle me quittera de sitôt ; mais je ne la subis plus, ce n'est plus une maladie ni une quinte[2] passagère : c'est moi. Donc j'étais tout à l'heure au Jardin public. La racine du marronnier s'enfonçait dans la terre, juste au-dessous de mon banc. Je ne me rappelais plus que c'était une racine. Les mots s'étaient évanouis et, avec eux, la signification des choses, leurs modes d'emploi, les faibles repères que les hommes ont tracé à leur surface. J'étais assis, un peu voûté, la tête basse, seul en face de cette masse noire et noueuse, entièrement brute et qui me faisait peur. Et puis j'ai eu cette illumination.

Ça m'a coupé le souffle. Jamais, avant ces derniers jours, je n'avais pressenti ce que voulait dire « exister ». J'étais comme les autres, comme ceux qui se promènent au bord de la mer dans leurs habits de printemps. Je disais comme eux « la mer *est* verte ; ce point blanc, là-haut, c'*est* une mouette », mais je ne sentais pas que ça existait, que la mouette était une « mouette-existante » ; à l'ordinaire l'existence se cache. [...]

Et puis voilà : tout d'un coup, c'était là, c'était clair comme le jour : l'existence s'était soudain dévoilée. Elle avait perdu son allure inoffensive de catégorie abstraite : c'était la pâte même des choses, cette racine était pétrie dans de l'existence. Ou plutôt la racine, les grilles du jardin, le banc, le gazon rare de la pelouse, tout ça s'était évanoui ; la diversité des choses, leur individualité n'étaient qu'une apparence, un vernis. Ce vernis avait fondu, il restait des masses monstrueuses et molles, en désordre – nues, d'une effrayante et obscène[3] nudité.

La Nausée (1938), éd. Gallimard.

L'existentialisme

Le nom de Sartre est associé à l'existentialisme. Le fondement philosophique de sa théorie phénoménologique, élaborée à la suite de Kierkegaard, Husserl et Heidegger, est exposé dans son importante thèse, *L'Être et le Néant*, d'une lecture difficile. C'est une affirmation de la liberté humaine qui s'exprime dans l'action. Nos actes nous jugent. « L'homme est condamné à être libre ».

---

1. Dégoût, malaise avec envie de vomir (majuscule de l'auteur).
2. Accès (de toux).
3. Qui choque par une manifestation généralement sexuelle.

OBSERVEZ

- Le héros a la révélation de la présence des choses. Les mots, les catégories ne forment plus de barrière entre leur réalité et la conscience humaine. Elles sont là.

- La scène décrit une expérience physique (et non intellectuelle) de connaissance de l'univers.

Samuel BECKETT

Seul au monde avec sa voix

1906-1989

Illustrant par le théâtre ou le roman une condition humaine à la fois tragique et dérisoire, absurde et paradoxale, Beckett met en scène des personnages qui se parlent à eux-mêmes sans cesse dans un temps à la fois figé et indéfini. Cette parole solitaire, où la rencontre avec l'autre n'aboutit qu'à un constat de non-communication, touche cependant à l'essentiel. Les décors de ses pièces suggèrent un univers déserté, chaotique, les dialogues sont entrecoupés de longs silences où les mots sonnent étrangement, les personnages n'ont pas de véritable identité, le temps s'étire dans une interminable attente. L'auteur se joue des mots et de leur sens, créant alors l'impression d'un humour désespéré. Ses derniers écrits manifestent une tendance à la condensation du texte et des mots.

1906 Naissance à Dublin dans une famille protestante. Études en langues romanes (français, italien) au City collège de Dublin.

1928 Lecteur d'anglais à l'École nationale Supérieure (Paris), se lie avec Joyce, dont il deviendra le secrétaire. Publie un essai sur Proust.

Entre dans la Résistance pendant la Deuxième Guerre mondiale. Recherché par la Gestapo, il se réfugie dans le Vaucluse.

1951 Publication en français de *Molloy*, *Malone meurt*, auxquels font suite, en 1953, *L'Innommable*, en français, et *Watt*, en anglais.

Théâtre : *En attendant Godot* (1952, traduit en 18 langues), *Fin de partie* (1957), *Oh ! les beaux jours* (1963), *Catastrophe et autres dramaticules* (1982).

1989 Mort de Samuel Beckett.

À SIGNALER

Samuel Beckett fut toujours son propre traducteur de l'anglais vers le français et du français vers l'anglais, comme s'il recréait le texte une nouvelle fois, dans l'une ou l'autre langue.

Les pierres à sucer

Je profitai de ce séjour pour m'approvisionner en pierres à sucer. C'étaient des cailloux, mais moi j'appelle ça des pierres. Oui, cette fois-ci, j'en fis une réserve importante. Je les distribuai avec équité[1] entre mes quatre poches et je les suçais à tour de rôle. Cela posait un problème que je résolus de la façon suivante. J'avais, mettons, seize pierres, dont quatre dans chacune de mes quatre poches qui étaient les deux poches de mon pantalon et les deux poches de mon manteau. Prenant une pierre dans la poche droite de mon manteau, et la mettant dans ma bouche, je la replaçais dans la poche droite de mon manteau par une pierre de la poche droite de mon pantalon, que je remplaçais par une pierre de la poche gauche de mon pantalon que je remplaçais par une pierre de la poche gauche de mon manteau, que je remplaçais par la pierre qui était dans ma bouche, dès que j'avais fini de la sucer. Ainsi, il y avait toujours quatre pierres dans chacune de mes quatre poches, mais pas tout à fait les mêmes pierres. Et quand l'envie me reprenait de sucer je puisais à nouveau dans la poche droite de mon manteau, avec la certitude de ne pas y prendre la même pierre que la dernière fois. Et, tout en la suçant, je réarrangeai les autres pierres, comme je viens de l'expliquer. Et ainsi de suite. Mais cette solution ne me satisfaisait qu'à moitié. Car il ne m'échappait pas que cela pouvait être, par l'effet d'un hasard extraordinaire, toujours les mêmes quatre pierres qui circulaient. Et en ce cas, loin de sucer les seize pierres à tour de rôle, je n'en suçais en réalité que quatre, toujours les mêmes à tour de rôle. Mais je les brassai bien dans mes poches, avant de faire sucette, et en le faisant, avant de procéder aux transferts, dans l'espoir de généraliser la circulation des pierres, de poche en poche. Mais ce n'était là qu'un pis-aller[2] dont ne pouvait longtemps se contenter un homme comme moi. Je me mis donc à chercher autre chose. Et tout d'abord je me demandai si je ne ferai pas mieux de transférer les pierres quatre à quatre, au lieu d'une à une, c'est-à-dire, pendant que je suçais, de prendre les trois pierres qui restaient dans la poche droite de mon manteau et de mettre à leur place les quatre de la poche droite de mon pantalon, et à la place de celles-ci les quatre de la poche gauche de mon pantalon, et à la place de celles-ci les quatre de la poche gauche de mon manteau, et finalement à la place de ces dernières les trois de la poche droite de mon manteau plus celle, dès que j'aurais fini de sucer, qui était dans ma bouche. Oui, il me semblait d'abord qu'en faisant ainsi j'arriverais à un meilleur résultat. Mais je dus changer d'avis, à la réflexion, et m'avouer que la circulation des pierres par groupes de quatre revenait à la même chose exactement que leur circulation par unités. Car, si j'étais assuré de trouver chaque fois, dans la poche droite de mon manteau, quatre pierres totalement différentes de celles qui les y avaient immédiatement précédées, la possibilité n'en subsistait pas moins[3] que je tombe toujours sur la même pierre, à l'intérieur de chaque groupe de quatre, et que par conséquent, au lieu de sucer les seize à tour de rôle, comme je le désirais, je n'en suce effectivement que quatre, toujours les mêmes, à tour de rôle.

Molloy (1951), éd. de Minuit.

1. Égalité.
2. La moins mauvaise solution.
3. Il se pouvait toujours.

OBSERVEZ

- Le souci maniaque de l'auteur qui recense systématiquement les différents arrangements possibles pour répartir les pierres dans chacune de ses poches, la crainte qu'il semble éprouver de ne pas sucer chacune des pierres, ou de sucer deux fois certaines d'entre elles s'apparente à un comportement obsessionnel compulsif, manifestation d'une angoisse très grande que le sujet tente de calmer en contrôlant, en organisant, en tentant désespérément de mettre de l'ordre dans chaque acte.

- L'activité décrite dans ce texte est symbolique de l'activité humaine en général. De la même manière, la pièce *Oh les beaux jours* montre une femme examinant consciencieusement le contenu de son sac à main : elle sort ses petites affaires, elle les observe, les range. C'est une occupation quotidienne dérisoire et vaine.

63 Simone de BEAUVOIR

Qu'est-ce qu'être une femme ?

1908-1986

© D. Simon / Gamma.

Dans son autobiographie, dans ses romans et surtout dans ses essais, Beauvoir s'interroge sur ce qu'est l'identité féminine. Elle ne deviendra « féministe » qu'après la parution du *Deuxième Sexe*. Son projet a plutôt été d'amener ses contemporains à prendre conscience de la situation des femmes. La société est organisée par les hommes, le langage fait de l'homme le sujet universel. Mais ce n'est pas une fatalité et c'est ce qu'elle exprime dans la célèbre phrase « On ne naît pas femme, on le devient ». Elle a fait scandale et a donné des bases au mouvement d'émancipation des femmes en France et dans le monde entier.

À SIGNALER Le personnage de Simone de Beauvoir a fait tout autant pour la cause des femmes que ses écrits. Elle admirait Sartre et formait avec lui un couple où chacun avait sa liberté sentimentale et sexuelle. Elle n'a pas eu d'enfant : elle a dit et montré que la femme ne se réduisait pas à être mère.

1908 Naissance à Paris dans un milieu de riches bourgeois.

1929-1931 Reçue à l'agrégation de philosophie, en même temps que Jean-Paul Sartre, avec lequel elle restera liée toute sa vie. Rencontre Merleau-Ponty, Nizan.

1937-1946 Professeur à Marseille, Rouen, Paris. Pendant cette période, elle vit dans différents hôtels. Elle participe à la fondation de la revue *Les Temps modernes* (1946).

1949 *Le Deuxième Sexe*, œuvre fondatrice sur la condition de la femme.

1954 *Les Mandarins*, roman (prix Goncourt).

1956-1958 Elle mène des luttes politiques contre la torture en Algérie, contre la guerre du Vietnam, pour le droit à l'avortement et à la contraception.

1958-1964 *Les Mémoires d'une jeune fille rangée*, autobiographie, *La Force de l'âge* (1960), *La Force des choses* (1963), *Une Mort très douce* (1964). Elle meurt en 1986, six ans après Sartre.

Les Mémoires d'une jeune fille rangée

Madeleine[1] confirma mes soupçons : les bébés se forment dans les entrailles de leur mère ; quelques jours plus tôt, en ouvrant une lapine, la cuisinière avait trouvé à l'intérieur six petits lapereaux. Quand une femme attend un enfant, on dit qu'elle est enceinte et son ventre se gonfle. Madeleine ne nous donna guère d'autres détails. Elle enchaîna, en m'annonçant que d'ici un an ou deux des choses se passeraient dans mon corps [...] Je restai confondue d'étonnement : j'avais imaginé que les secrets gardés par les adultes étaient d'une bien plus haute importance. D'autre part, le ton confidentiel et ricanant de Madeleine s'accordait mal avec la baroque insignifiance de ses révélations ; quelque chose clochait, je ne savais pas quoi. Elle n'avait pas abordé le problème de la conception, que je méditai les jours suivants ; ayant compris que la cause et l'effet sont nécessairement homogènes, je ne pouvais admettre que la cérémonie du mariage fit surgir, dans le ventre de la femme, un corps de chair ; il devait se passer entre les parents quelque chose d'organique. [...]
Quel rapport y avait-il entre cette sérieuse affaire, la naissance d'un enfant, et les choses

inconvenantes ? S'il n'en existait pas, pourquoi le ton de Madeleine, les réticences[2] de maman en faisaient-ils supposer un ? Ma mère n'avait parlé qu'à notre instigation[3], sommairement, sans nous expliquer le mariage. Les faits physiologiques relèvent de la science comme la rotation de la terre : qu'est-ce qui l'empêchait de nous en informer aussi simplement ? D'autre part, si les livres défendus ne contenaient, comme l'avait suggéré ma cousine, que de cocasses indécences, d'où tiraient-ils leur venin ? Je ne me posais pas explicitement ces questions, mais elles me tourmentaient. Il fallait que le corps fût en soi un objet dangereux pour que toute allusion, austère ou frivole, à son existence semblât périlleuse.

Les Mémoires d'une jeune fille rangée (1960), éd. Gallimard.

---

1. La cousine de Simone. 2. Silences gênés. 3. Demande.

Le Deuxième Sexe

Elle est de toutes les femelles mammifères celle qui est le plus profondément aliénée[1], et celle qui refuse le plus violemment cette aliénation ; en aucune l'asservissement[2] de l'organisme à la fonction reproductrice n'est plus impérieux ni plus difficilement accepté : crise de la puberté et de la ménopause, « malédiction » mensuelle, grossesse longue et souvent difficile, accouchement douloureux et parfois dangereux, maladies, accidents sont caractéristiques de la femelle humaine : on dirait que son destin se fait d'autant plus lourd qu'elle se rebelle contre lui davantage en s'affirmant comme individu. Si on la compare au mâle, celui-ci apparaît comme infiniment privilégié : sa vie génitale ne contrarie pas son existence personnelle ; elle se déroule d'une manière continue, sans crise et généralement sans accident. En moyenne les femmes vivent aussi longtemps que lui ; mais elles sont beaucoup plus souvent malades et il y a de nombreuses périodes où elles n'ont pas la disposition d'elles-mêmes.

Ces données biologiques sont d'une extrême importance : elles jouent dans l'histoire de la femme un rôle de premier plan, elles sont un élément essentiel de sa situation : dans toutes nos descriptions ultérieures nous aurons à nous y référer. Car le corps étant l'instrument de notre prise sur le monde, le monde se présente tout autrement selon qu'il est appréhendé d'une manière ou d'une autre. C'est pourquoi nous les avons si longuement étudiées ; elles sont une des clefs qui permettent de comprendre la femme. Mais ce que nous refusons, c'est l'idée qu'elles constituent pour elle un destin figé. Elles ne suffisent pas à définir une hiérarchie des sexes ; elles n'expliquent pas pourquoi la femme est l'Autre ; elles ne la condamnent pas à conserver à jamais ce rôle subordonné.

Le Deuxième Sexe, 1re partie (1949), éd. Gallimard.

---

1. Dominée. 2. Esclavage, soumission.

OBSERVEZ

- *Les Mémoires* montrent les questions que se posait l'auteur dans sa jeunesse, le comportement des adultes et de la société et le pressentiment du rôle important des données physiques.

- Notez l'importance des données physiques et concrètes. Beauvoir part du corps pour fonder son discours théorique.

- Il y a des différences entre les hommes et les femmes, mais les hommes ne sont pas supérieurs aux femmes. Or, tout dans la société montre que la femme est considérée comme une subordonnée.

Eugène IONESCO
Le théâtre de l'absurde

1912-1994

Ionesco prétend faire de l'anti-théâtre. Il refuse la psychologie : les personnages n'ont pas d'identité (le professeur/l'élève ; M. Smith/Mme Smith, etc.) mais sont habités par des forces obscures. Il réduit l'intrigue au maximum. Il bouscule les genres en appelant ses pièces « farce tragique », « pseudo-drame », etc. La première période exprime l'étonnement devant la banalité de la vie, les lieux communs de la conversation, l'absence d'échanges et de compréhension entre les êtres. Par la suite, son théâtre est plus ambitieux ; il se révolte contre la fanatisation des foules face au totalitarisme *(Rhinocéros)* ou exprime l'angoisse de vieillir et de mourir *(Le Roi se meurt)*. En homme de théâtre, Ionesco ne se contente pas d'exposer des idées, il les rend visibles et des centaines de rhinocéros envahissent la scène *(Rhinocéros)*. « Rien n'est tragique, tout est comique, tout est réel, irréel, impossible, concevable, inconcevable. Tout est lourd tout est léger » *(Notes et Contre-Notes)*.

1912 Né en Roumanie de père roumain et de mère française, il passe son enfance en France ; le français est sa langue maternelle.

1925-1938 Vit en Roumanie. Ses parents divorcent. Il enseigne le français ; se marie.

1938-1944 Venu en France pour préparer une thèse sur le péché et la mort, il habite Marseille puis Paris ; exerce divers métiers et connaît de grosses difficultés financières.

1950-1952 *La Cantatrice chauve* (1950), *La Leçon* (1951), *Les Chaises* (1952). Ces pièces font scandale mais sont jouées sans interruption depuis trente ans à Paris. Il est naturalisé français.

1953-1975 Il écrit environ une pièce par an. *Rhinocéros* (1959), *Le Roi se meurt* (1962) et des écrits sur le théâtre *Notes et Contre-Notes* (1962). Joué par Jean-Louis Barrault à l'Odéon (1960) et à la Comédie Française (1966).

1970 Élu à l'Académie Française.

1976 *Contes pour enfants de moins de trois ans.*

1989 Il multiplie les appels en faveur d'une aide à la Roumanie.

Conception du théâtre

Je n'ai jamais compris, pour ma part, la différence que l'on fait entre comique et tragique. Le comique étant intuition de l'absurde, il me semble plus désespérant que le tragique. Le comique n'offre pas d'issue. Je dis : « désespérant », mais, en réalité, il est au-delà ou en deçà du désespoir ou de l'espoir. Pour certains, le tragique peut paraître, en un sens, réconfortant, car, s'il veut exprimer l'impuissance de l'homme vaincu, brisé par la fatalité par exemple, le tragique reconnaît, par là-même, la réalité d'une fatalité, d'un destin, de lois régissant l'Univers, incompréhensibles parfois, mais objectives. Et cette impuissance humaine, cette inutilité de nos efforts peut aussi, en un sens, paraître comique.
J'ai intitulé mes comédies « anti-pièces », « drames comiques », et mes drames « pseudo-drames », ou « farces tragiques », car, me semble-t-il, le comique est tragique, et la tragédie de l'homme, dérisoire.

Notes et Contre-Notes (1962).

M. et Mme Smith et Mary

Les invités arrivent ... Dans la première scène M. et Mme Smith ont raconté leur journée, qui ne présente aucun intérêt. Voici la deuxième scène.

MARY, *entrant* : Je suis la bonne. J'ai passé un après-midi très agréable. J'ai été au cinéma avec un homme et j'ai vu un film avec des femmes. À la sortie du cinéma, nous sommes allés boire de l'eau-de-vie[1] et du lait et puis on a lu le journal.

Mme SMITH : J'espère que vous avez passé un après-midi très agréable, que vous êtes allée au cinéma avec un homme et que vous avez bu de l'eau-de-vie et du lait.

M. SMITH : Et le journal !

MARY : Mme et M. Martin, vos invités, sont à la porte. Ils m'attendaient. Ils n'osaient pas entrer tout seuls. Ils devaient dîner avec vous, ce soir.

Mme SMITH : Ah oui. Nous les attendions. Et on avait faim. Comme on ne les voyait plus venir, on allait manger sans eux. On n'a rien mangé, de toute la journée. Vous n'auriez pas dû vous absenter !

MARY : C'est vous qui m'avez donné la permission.

M. SMITH : On ne l'a pas fait exprès !

MARY, *éclate de rire. Puis elle pleure. Elle sourit* : Je me suis acheté un pot de chambre[2].

Mme SMITH : Ma chère Mary, veuillez ouvrir la porte et faites entrer M. et Mme Martin, s'il vous plaît. Nous allons vite nous habiller.

Mme et M. Smith sortent à droite. Mary ouvre la porte à gauche, par laquelle entrent M. et Mme Martin.

La Cantatrice chauve, scène 2 (1950), éd. Gallimard.

1. Alcool fort.
2. *Pot de chambre* : récipient pour uriner la nuit.

À SIGNALER

C'est en essayant d'apprendre l'anglais dans la méthode « Assimil » que Ionesco eut la révélation de l'absurdité du langage. « Dès la troisième leçon, deux personnages étaient mis en présence [...]. À mon grand émerveillement, Mme Smith faisait connaître à son mari qu'ils avaient plusieurs enfants, qu'ils habitaient dans les environs de Londres et que leur nom était Smith. » *(Notes et Contre-Notes).*

OBSERVEZ

- La domestique est un personnage traditionnel dans le théâtre de boulevard. Elle est ici présentée à l'inverse de son rôle habituel (elle se nomme, va au cinéma, achète un pot de chambre...).
- Comme dans les méthodes pour apprendre les langues, les personnages disent et répètent ce qu'ils font d'une façon non naturelle.
- Les comportements sont absurdes (Mary rit et pleure ; M. et Mme Smith sortent quand leurs invités arrivent, etc.). C'est de l'anti-théâtre.

Nathalie SARRAUTE

1902-1999

Comment dire l'inexprimable ?

Formée par la lecture de Proust, de Joyce, de Freud, Nathalie Sarraute ne voit pas les héros de ses textes comme des « blocs solides et durs ». Les rapports entre les êtres sont pleins de sous-entendus, de silences, de hasards qui échappent aux présentations traditionnelles. Les contours nets, les psychologies tranchées, les masques rassurants laissent la place à une recherche d'expression plus proche de l'étrange alchimie qui règle l'évolution des rapports entre les êtres. « Moi, mais moi ça n'existe pas, je viens de vous le dire ». Les personnages ont du mal à être nommés. *Ils... elles...* évoluent entre des lieux communs déconstruits. Les mots fixent les choses avec trop de lourdeur mais c'est par eux seuls que l'on peut dire quelque chose de ce qui n'a pas de nom et sur quoi tout repose.

1902 Née en Russie dans un milieu intellectuel. Ses parents se séparent. Elle bénéficie d'une double culture russe et française. Études à Paris, Oxford, Berlin.

1932-1937 *Tropismes* passe inaperçu. Ces petits textes annoncent toute l'œuvre.

1948-1953 *Portrait d'un inconnu*, préface de Sartre (1948) ; *Martereau* (1953).

1955-1959 Formation de l'école du Nouveau roman. *L'Ère du soupçon* (1956), essai ; *Planétarium* (1959).

1963 *Les Fruits d'or*.

1967-1978 Romans traduits et vendus à plus d'un million d'exemplaires : *Entre la vie et la mort* (1968), *Vous les entendez ?* (1972), *Disent les imbéciles* (1976), *L'Usage de la parole* (1980). Pièces de théâtre : *C'est beau* (1973), *Elle est là* (1978), *Pour un oui ou pour un non* (1982).

Pour un oui ou pour un non

H. 1 : Tiens, moi aussi, puisque nous en sommes là, il y a des scènes dont je me souviens... il y en a une surtout... tu l'as peut-être oubliée... c'était du temps où nous faisions de l'alpinisme... dans le Dauphiné... on avait escaladé la barre des Écrins... tu te rappelles ?
H. 2 : Oui. Bien sûr.
H. 1 : Nous étions cinq : nous deux, deux copains et un guide. On était en train de redescendre... Et tout à coup, tu t'es arrêté. Tu as stoppé toute la cordée. Et tu as dit, sur un ton... : « Si on s'arrêtait un instant pour regarder ? Ça en vaut tout de même la peine... »
H. 2 : J'ai dit ça ? J'ai osé ?
H. 1 : Oui. Et tout le monde a été obligé de s'arrêter... Nous étions là, à attendre... piétinant et piaffant... pendant que tu « contemplais » ...

Le nouveau roman

Entre 1953 et 1958 paraissent plusieurs romans non traditionnels aux Éditions de Minuit. Plus de personnages romanesques, plus d'intrigue claire, mais une recherche pour tenter de modifier le regard porté sur le monde. Les objets sont décrits sans souci de leur utilité, les événements n'ont pas une signification unique. Le lecteur doit participer à la construction du sens grâce à une série d'indices. Ont participé à ce mouvement : Butor, Robbe-Grillet, Claude Simon, Pinget, Ricardou (le théoricien) et Nathalie Sarraute. Beckett et Duras sont proches du groupe.

H. 2 : Devant vous ? Il fallait que j'aie perdu la tête...
H. 1 : Mais non. Tu nous forçais à nous tenir devant ça, en arrêt, que nous le voulions ou non... Alors je n'ai pas pu résister. J'ai dit : « Allons, dépêchons, nous n'avons pas de temps à perdre... Tu pourras trouver en bas, chez la papetière, de jolies cartes postales... ».
H. 2 : Ah oui. Je m'en souviens... J'ai eu envie de te tuer.
H. 1 : Et moi aussi. Et tous les autres, s'ils avaient pu parler, ils auraient avoué qu'ils avaient envie de te pousser dans une crevasse...
H. 2 : Et moi... oui... rien qu'à cause de ça, de ces cartes postales... comment ai-je pu te revoir...
H. 1 : Oh ! il a dû y avoir, après, un moment où tu as repris espoir...
H. 2 : Espoir ? Après ça ?
H. 1 : Oui, tu ne le perds jamais. Tu as dû avoir le fol espoir, comme tout à l'heure, devant la fenêtre... quand tu m'as tapoté l'épaule... « C'est bien, ça... »
H. 2 : C'est bien, ça ?
H. 1 : Mais oui, tu sais le dire aussi... en tout cas l'insinuer... c'est biiien... ça... voilà un bon petit qui sent le prix de ces choses-là... on ne le croirait pas, mais vous savez, tout béotien[1] qu'il est, il en est tout à fait capable...
H. 2 : Mon Dieu ! et moi qui avais cru à ce moment-là... comment ai-je pu oublier ? Mais non, je n'avais pas oublié... je le savais, je l'ai toujours su...
H. 1 : Su quoi ? Su quoi ? Dis-le.
H. 2 : Su qu'entre nous il n'y a pas de conciliation[2] possible. Pas de rémission[3]... C'est un combat sans merci. Une lutte à mort. Oui, pour la survie. Il n'y a pas le choix. C'est toi ou moi.
H. 1 : Là tu vas fort.
H. 2 : Mais non, pas fort du tout. Il faut bien voir ce qui est : nous sommes dans deux camps adverses. Deux soldats de deux camps ennemis qui s'affrontent.
H. 1 : Quels camps ? Ils ont un nom.
H. 2 : Ah, les noms, ça, c'est pour toi. C'est toi, c'est vous qui mettez des noms sur tout. Vous qui placez entre guillemets... Moi je ne sais pas.
H. 1 : Eh bien, moi je sais. Tout le monde le sait. D'un côté, le camp où je suis, celui où les hommes luttent, où ils donnent toutes leurs forces... ils créent la vie autour d'eux... pas celle que tu contemples par la fenêtre, mais la « vraie «, celle que tous vivent. Et d'autre part... eh bien... [...]
H. 2 : Eh bien ?
H. 1 : Non...
H. 2 : Si. Je vais le dire pour toi... Eh bien, de l'autre côté il y a les « ratés »[4].

Pour un oui ou pour un non (1982),
éd. Gallimard.

1. Ignorant.
2. Accord.
3. Pardon.
4. Ceux qui ne réussissent pas dans l'existence.

OBSERVEZ

- Dans les deux situations évoquées, une phrase banale, très courante, très normale, provoque une émotion violente chez l'interlocuteur. Les réactions paraissent excessives : elles sont pourtant compréhensibles.
- La première phrase-déclencheur « Si on s'arrêtait... » accable l'ami par son caractère conventionnel et pompeux. La seconde « C'est bien ça » est une parole apparemment gentille, mais pleine d'un sentiment de supériorité.

66 Albert CAMUS

Le sentiment de l'absurde et la révolte

1913-1960

Au début de son itinéraire philosophique, Camus fait la constatation que le monde est incompréhensible pour la raison humaine ; de là l'impression de l'absurdité de l'existence. Pourquoi vit-on ? L'existence n'est-elle qu'une suite d'habitudes ? Doit-on fuir cette angoisse par le suicide ? Pour Camus, c'est la révolte, c'est-à-dire la lucidité, qui donne à la vie son prix et sa grandeur. « Je tire de l'absurde trois conséquences qui sont ma révolte, ma liberté, ma passion. Par le seul jeu de ma conscience, je transforme en règle de vie ce qui était invitation à la mort – et je refuse le suicide » (*L'Homme révolté*). L'homme absurde cherche à « vivre le plus possible », il sait qu'il est sa propre fin. Cet humanisme le pousse à pratiquer la solidarité avec ses semblables. Dans *L'Étranger*, il adopte un style impersonnel et neutre qui traduit de façon sensible le climat de l'absurde, et qui a profondément marqué la littérature française.

1913 Naissance en Algérie. Son père, ouvrier agricole, meurt à la guerre de 1914. Sa mère fait des ménages. Études de philosophie interrompues par la tuberculose. Débute dans le journalisme.

1938 Arrivé en France, il est journaliste et participe à une troupe de théâtre. Publie *Caligula*, théâtre, *Noces*, nouvelles (1939).

1940-1944 Participe à la résistance. *L'Étranger*, récit (1940), *Le Mythe de Sisyphe*, essai philosophique (1941). Dirige le journal *Combat* (1944-1947).

1947-1951 *La Peste*, roman (1947), *L'Homme révolté*, essai philosophique (1951).

1952 Prises de position anticommunistes, s'oppose à Sartre.

1956 *La Chute*, récit, *L'Exil et Le Royaume*, nouvelles. Reçoit le prix Nobel.

1960 Meurt dans un accident de voiture.

À SIGNALER

Dans *Lettres à un ami allemand* (1948), Camus répond à ceux qui, au nom de l'absurde, disent que tout est permis. « Je continue à croire que ce monde n'a pas de sens supérieur. Mais je sais que quelque chose en lui a du sens, et c'est l'homme, parce qu'il est le seul être à exiger d'en avoir ».

Sartre et Camus : deux conceptions opposées de l'existence

Sartre a marqué de l'intérêt pour *L'Étranger* et Camus pour *La Nausée*. Les deux auteurs eurent une amitié orageuse après la Libération, jusqu'à leur rupture éclatante en 1952. En fait tout les opposait. Camus a toujours marqué ses distances à l'égard de l'existentialisme ; il recherche la beauté, le bonheur et se révolte contre l'absurdité du monde. Sartre défend l'engagement politique, le militantisme et critique l'exercice de l'art. Mais ce sont surtout leurs conceptions politiques qui les ont séparés : Camus a exprimé son rejet du communisme soviétique, Sartre l'a soutenu.

L'Étranger

Voici le début de L'Étranger. *Meursault, en prison parce qu'il a tué un arabe, écrit un journal. Il commence son récit au moment d'une autre mort, celle de sa mère.*

Aujourd'hui, maman est morte. Ou peut-être hier, je ne sais pas. J'ai reçu un télégramme de l'asile : « Mère décédée. Enterrement demain. Sentiments distingués. » Cela ne veut rien dire. C'était peut-être hier.

L'asile de vieillards est à Marengo, à quatre-vingts kilomètres d'Alger. Je prendrai l'autobus à deux heures et j'arriverai dans l'après-midi. Ainsi, je pourrai veiller et je rentrerai demain soir. J'ai demandé deux jours de congé à mon patron et il ne pouvait pas me les refuser avec une excuse pareille. Mais il n'avait pas l'air content. Je lui ai même dit : « Ce n'est pas de ma faute. » Il n'a pas répondu. J'ai pensé alors que je n'aurais pas dû lui dire cela. En somme, je n'avais pas à m'excuser. C'était plutôt à lui de me présenter ses condoléances[1]. Mais il le fera sans doute après-demain, quand il me verra en deuil. Pour le moment, c'est un peu comme si maman n'était pas morte. Après l'enterrement, au contraire, ce sera une affaire classée et tout aura revêtu une allure plus officielle.

J'ai pris l'autobus à deux heures. Il faisait très chaud. J'ai mangé au restaurant, chez Céleste, comme d'habitude. Ils avaient tous beaucoup de peine pour moi et Céleste m'a dit : « On n'a qu'une mère. » Quand je suis parti, ils m'ont accompagné à la porte. J'étais un peu étourdi parce qu'il a fallu que je monte chez Emmanuel pour lui emprunter une cravate noire et un brassard[2]. Il a perdu son oncle, il y a quelques mois.

J'ai couru pour ne pas manquer le départ. Cette hâte, cette course, c'est à cause de tout cela sans doute, ajouté aux cahots[3], à l'odeur d'essence, à la réverbération de la route et du ciel, que je me suis assoupi. J'ai dormi pendant presque tout le trajet. Et quand je me suis réveillé, j'étais tassé contre un militaire qui m'a souri et qui m'a demandé si je venais de loin. J'ai dit « oui » pour n'avoir plus à parler.

L'asile est à deux kilomètres du village. J'ai fait le chemin à pied. J'ai voulu voir maman tout de suite. Mais le concierge m'a dit qu'il fallait que je rencontre le directeur. Comme il était occupé, j'ai attendu un peu. Pendant tout ce temps, le concierge a parlé et ensuite, j'ai vu le directeur : il m'a reçu dans son bureau. C'est un petit vieux, avec la Légion d'honneur. Il m'a regardé de ses yeux clairs. Puis il m'a serré la main qu'il a gardée si longtemps que je ne savais trop comment la retirer. Il a consulté un dossier et m'a dit : « Mme Meursault est entrée ici il y a trois ans. Vous étiez son seul soutien. » J'ai cru qu'il me reprochait quelque chose et j'ai commencé à lui expliquer.

L'Étranger, début du roman (1940), éd. Gallimard.

1. Paroles de sympathie adressées aux proches du mort.
2. Ruban porté autour du bras, après la mort d'un proche.
3. Secousse.

OBSERVEZ

- C'est le degré zéro de l'écriture, selon l'expression de Barthes : un style très simple, des phrases courtes posées les unes à côté des autres, des notations, pas de causes ni de conséquences.
- Les considérations de Meursault sont différentes de celles qu'attend le lecteur : pas d'émotion, pas de sentiment, mais une interrogation sur la date, sur l'attitude du patron, sur la cravate.

Aimé CÉSAIRE
Le chantre de la négritude

Aimé Césaire est un auteur difficile. Sa poésie est l'« arme miraculeuse », instrument d'affirmation de l'identité noire, fer de lance d'une revendication à la fois politique, littéraire et culturelle. Elle est écrite dans une langue érudite, foisonnante, où se côtoient les références à la culture occidentale et à l'univers africain et antillais.

© Ch. Vioujard / Gamma.

Né en 1913

1913 Naissance à Basse-Pointe (Martinique) d'Aimé Césaire.

1932 Entre en préparation à l'École Normale Supérieure à Paris au lycée Louis-le-Grand, où il rencontre L. S. Senghor.

1939 Retour en Martinique, affectation comme professeur de lettres au lycée Schœlcher de Fort-de-France. Publication du *Cahier d'un retour au pays natal*.

1945 Il est élu maire de Fort-de-France (réélu sans interruption depuis cette date) et député de la Martinique (réélu sans interruption jusqu'en 1993). Il adhère au Parti communiste.

1946 Publication du recueil de poèmes *Les Armes Miraculeuses*.

1953 Publication du *Discours sur le colonialisme*.

1956 Il quitte le Parti communiste.

1957 Il fonde le Parti progressiste martiniquais (PPM).

1963 Représentation à Paris de *La Tragédie du Roi Christophe*, dans une mise en scène de Jean-Marie Serreau.

1982 Publication de *Moi, laminaire*.

La négritude

C'est dans les années trente qu'Aimé Césaire, Léopold Sedar Senghor, Léon Gontran-Damas et quelques autres, étudiants à Paris venus d'Afrique et des Antilles, élaborent l'essentiel de la réflexion sur l'identité du monde noir et fondent ainsi le mouvement de la négritude.

À SIGNALER

C'est au hasard d'une escale à Fort-de-France qu'André Breton, poète surréaliste, découvrira dans une mercerie le texte du *Cahier d'un retour au pays natal* dont il dira plus tard : « Ce poème n'est rien moins que le plus grand monument lyrique de tous les temps ».

« Ce qui est à moi... »

Ce texte est en apparence difficile. Il se lit plus aisément si on pose une carte du monde à côté de soi. L'auteur parle de son île, comparée à une calebasse, puis, prenant de l'altitude, découvre l'archipel, l'Amérique centrale, le continent américain, puis, traversant l'Atlantique, l'Afrique et l'Europe. Partout, il retrouve la trace du peuple noir et le souvenir de la traite négrière.

Ce qui est à moi, ces quelques milliers de mortiférés qui tournent en rond dans la calebasse d'une île[1] et ce qui est à moi aussi, l'archipel arqué[2] comme le désir inquiet de se nier, on dirait une anxiété maternelle pour protéger la ténuité[3] qui sépare l'une de l'autre

Amérique[4] ; et ses flancs qui sécrètent pour l'Europe la bonne liqueur d'un Gulf Stream, et l'un des deux versants d'incandescence entre quoi l'équateur funambule[5] vers l'Afrique. Et mon île non-clôture, sa claire audace debout à l'arrière de cette polynésie, devant elle, la Guadeloupe fendue en deux de sa raie dorsale et de même misère que nous, Haïti où la négritude se mit debout pour la première fois et dit qu'elle croyait à son humanité[6] et la comique petite queue de la Floride où d'un nègre s'achève la strangulation[7], et l'Afrique gigantesquement chenillant jusqu'au pied hispanique de l'Europe, sa nudité où la mort fauche à larges andains.

Et je me dis Bordeaux et Nantes et Liverpool[8] et New York et San Francisco[9]
pas un bout de ce monde qui ne porte mon empreinte digitale
et mon calcanéum sur le dos des gratte-ciel et ma crasse dans le scintillement des
[gemmes[10] !

Qui peut se vanter d'avoir mieux que moi ?
Virginie. Tennessee. Georgie. Alabama.[11]
Putréfaction monstrueuse de révoltes inopérantes,
marais de sang putrides[12]
trompettes absurdement bouchées
Terres rouges, terres sanguines, terres consanguines.

Ce qui est à moi aussi : une petite cellule dans le Jura[13]
une petite cellule, la neige la double de barreaux blancs
la neige est un geôlier blanc qui monte la garde devant une prison
Ce qui est à moi
c'est un homme seul emprisonné de blanc
c'est un homme seul qui défie les cris blancs de la mort blanche ;
(TOUSSAINT, TOUSSAINT LOUVERTURE).

Cahier d'un retour au pays natal (1939), Présence Africaine.

1. Martinique, Guadeloupe : départements français d'Outre-Mer.
2. Les Antilles.
3. État d'une chose très mince.
4. Isthme de Panama.
5. Acrobate se déplaçant sur une corde tendue à grande hauteur.
6. Première république noire du monde, proclamée en 1802 grâce à l'action de ses héros libérateurs, Toussaint Louverture, Dessalines, Henry Christophe.
7. Action d'étrangler, fait d'être étranglé.
8. Villes portuaires dont la richesse s'est établie sur la traite négrière.
9. Grandes villes des États-Unis où le prolétariat noir est particulièrement exploité.
10. Pierres précieuses.
11. États du sud des États-Unis où se pratiquaient encore couramment le lynchage noir jusqu'à la fin des années cinquante.
12. En état de putréfaction, de décomposition bactérienne.
13. Il s'agit du Fort de Joux où fut emprisonné et mourut Toussaint Louverture, chef de l'insurrection des esclaves de Saint-Domingue en 1791.

OBSERVEZ

- Ce texte décrit la diaspora noire, dispersée dans le monde entier par les effets de l'esclavage et du commerce triangulaire. Tous les lieux cités, même les plus insolites, comme ce lieu-dit du Jura, en portent la trace d'une manière ou d'une autre.

- « Terres rouges, terres sanguines, terres consanguines » : l'auteur parle des terres tropicales latéritiques mais aussi de celles rougies du sang des peuples exploités, violentés, déportés. C'est ce martyre commun qui crée une consanguinité, non pas de sang héréditaire mais de sang versé. Cette phrase conclut et résume l'idée générale du texte qui évoque une diaspora de la négritude.

Marguerite DURAS
Dire le moment au plus près du mot

1914-1996

Au théâtre, au cinéma, dans le roman, sa façon d'écrire est très particulière. C'est une mélopée, une incantation, la poursuite de l'expression exacte qui se cherche en déroulant des énumérations, en reprenant chaque terme, inlassablement, afin de cerner le sens voulu au plus près. Un ton très particulier, produit par des mots simples, fait de phrases courtes souvent nominales. L'univers durassien se compose de lieux mythiques dont les noms parlent à l'imaginaire.

1914 Naissance de Marguerite Donnadieu à Gia-Dinh, (Vietnam). À la mort du père (1921), la mère, institutrice, élève seule ses trois enfants.

1932-1939 À Paris, elle épouse le philosophe Robert Antelme (1939).

1943-1944 Activités de Résistance. Adhésion au Parti communiste.

1950-1958 Romans : *Barrage contre le Pacifique* (1950), *Le Marin de Gibraltar* (1952), *Moderato cantabile* (1958). Milite contre la guerre d'Algérie.

1959-1964 Cinéma : scénario de *Hisroshima mon amour* d'Alain Resnais (1959), *Le Ravissement de Lol V. Stein* (1964).

1984 Prix Goncourt pour *L'Amant*, adapté au cinéma par Jean-Jacques Annaud.

1996 Mort à Paris.

À SIGNALER

Le pseudonyme de Duras a été suggéré à l'auteur par le nom d'un vignoble proche de la propriété de son père dans le Sud-Ouest de la France.

Une « existence coloniale si particulière »

Je regarde les femmes dans les rues de Saigon, dans les postes de brousse. Il y en a de très belles, de très blanches, elles prennent un soin extrême de leur beauté ici, surtout dans les postes de brousse. Elles ne font rien, elles se gardent seulement, elles se gardent pour l'Europe, les amants, les vacances en Italie, les longs congés de six mois tous les trois ans lorsqu'elles pourront enfin parler de ce qui se passe ici, de cette existence coloniale si particulière, du service de ces gens, de ces boys, si parfait, de la végétation, des bals, de ces villas blanches, grandes à s'y perdre, où sont logés les fonctionnaires dans ces postes éloignés. Elles attendent. Elles s'habillent pour rien. Elles se regardent. Dans l'ombre de ces villas, elles se regardent pour plus tard, elles croient vivre un roman, elles ont déjà de longues penderies pleines de robes à ne savoir qu'en faire, collectionnées comme le temps, la longue suite des jours d'attente. Certaines deviennent folles. Certaines sont plaquées[1] pour une jeune domestique qui se tait. Plaquées. On entend ce mot les atteindre, le bruit qu'il fait, le bruit de la gifle qu'il donne. Certaines se tuent.
Ce manquement des femmes à elles-mêmes par elles-mêmes opéré m'apparaissait toujours comme une erreur.

L'Amant (1984), Éditions de Minuit.

1. Abandonnées par leurs maris.

O B S E R V E Z

- Le système colonial est décrit à travers cet univers féminin où dominent l'ennui, les intrigues et l'admiration de soi-même.

Roland BARTHES
Lire le monde comme un texte

Les premiers écrits sont théoriques et d'une lecture difficile ; les derniers sont d'une sensualité savamment retenue. Il a marqué la critique littéraire par ses travaux sur l'écriture « blanche » (telle celle de *L'Étranger* de Camus) et l'affirmation de la place essentielle qu'il donne au lecteur dans la production du sens.

Il a modifié le regard que l'époque porte sur ses évidences : son analyse du discours publicitaire, du contenu des magazines, des façons de se nourrir, de se déplacer, de se vêtir oblige le regard à tout considérer dans le vécu social comme des signes propres à être interprétés. Le mélange d'émotion et d'intellectualisme, de jouissance et de pudeur, de confidence et de distance qui marque les derniers ouvrages montre que le scientifique et l'essayiste avaient presque disparu au profit de l'écrivain.

1915-1980

1954-1957 Orphelin de père, très proche de sa mère, après des études troublées par la tuberculose, il devient chercheur au CNRS (1952). À 38 ans, il publie son premier essai *Le Degré zéro de l'écriture* (1954). *Mythologies* (1957) est une réflexion sur les mythes de la vie quotidienne.

1963-1970 Critique littéraire : *Sur Racine* (1963). Essais influencés par le structuralisme : *Éléments de sémiologie* (1964), *Système de la mode* (1967), *L'Empire des signes*, sur le Japon (1970). Dans tous ces textes, il cherche à comprendre la production du sens.

1973-1980 Entre au Collège de France en 1978 à la chaire de sémiologie littéraire, créée pour lui. Il délaisse la théorie pour des méditations sur la lecture : *Plaisirs du texte* (1973) , sur l'amour : *Fragments du discours amoureux* (1977), la photographie : *La Chambre claire* (1980). Il meurt renversé par une camionnette.

Publicité de la profondeur

J'ai indiqué qu'aujourd'hui la publicité des détergents[1] flattait essentiellement une idée de la profondeur : la saleté n'est plus arrachée de la surface, elle est expulsée de ses loges les plus secrètes. Toute la publicité des produits de beauté est fondée, elle aussi, sur une sorte de représentation épique de l'intime. Les petits avant-propos scientifiques, destinés à introduire publicitairement le produit, lui prescrivent de nettoyer en profondeur, de débarrasser en profondeur, de nourrir en profondeur, bref, coûte que coûte, de s'infiltrer. Paradoxalement, c'est dans la mesure où la peau est d'abord surface, mais surface vivante, donc mortelle, propre à sécher et à vieillir, qu'elle s'impose sans peine comme tributaire[2] de racines profondes, de ce que certains produits appellent la couche basique de renouvellement. La médecine permet d'ailleurs de donner à la beauté un espace profond (le derme et l'épiderme) et de persuader aux femmes qu'elles sont le produit d'une sorte de circuit germinatif[3] où la beauté des efflorescences[4] dépend de la nutrition des racines.

Mythologies (1957), éd. Le Seuil.

1. Produits pour laver.
2. Dépendante, reliée.
3. Qui a rapport avec le développement des graines.
3. Fleurs épanouies.

OBSERVEZ

- Barthes est un des premiers à s'intéresser au mécanisme du discours publicitaire. Dans une démarche sémiotique, il interroge les signes pour accéder au sens. Les habitudes, les « évidences » ne résistent pas à ce regard.

70 Jean GENET

Le mystique du mal

Poète du vol, de la trahison, de l'homosexualité, Genet semble aimer tout ce qui est l'inverse de la morale établie. Le désir, la violence, la transgression de l'ordre social prennent chez lui une place importante.
Sa langue parodique, argotique et féroce dit constamment cette fascination pour le mal.
Son théâtre joue de la cérémonie de la scène comme d'une messe noire.

© L. Monier / Gamma.

À SIGNALER

En 1952, Jean-Paul Sartre veut écrire une préface aux œuvres de Genet. Il en résulte un volume critique de plus de cinq cents pages, *Saint Genet, comédien et martyr*. Cette mise à nu impressionne Genet au point de l'empêcher d'écrire aussi librement qu'il le faisait avant.

1910-1986

1910 Confié à l'Assistance publique, placé chez des paysans, il est envoyé à quinze ans en maison de correction pour un vol qu'il n'a pas commis.

1935 Il s'évade, s'engage dans l'armée (légion étrangère). Après une querelle avec un officier, il s'enfuit et mène une vie de marginal (vol, prostitution).

1942 Emprisonné, il écrit *Le Condamné à mort* (1942).

1944-1961 Cocteau et Sartre interviennent pour éviter son exil (10e condamnation) en 1948. Romans : *Notre-Dame des fleurs* (1944), *Querelle de Brest* (1947), *Miracle de la rose* (1947), *Le Journal d'un voleur* (1949). Théâtre : *Les Bonnes* (1947), *Le Balcon* (1956), *Les Nègres* (1959), *Les Paravents* (1961).

1966 Lutte en faveur de l'indépendance algérienne, et des « Black Panthers » américains.

1982 Écrit des articles dénonçant le massacre des camps palestiniens de Sabra et de Chatila.

1986 Meurt d'un cancer. *Le Captif amoureux* paraît peu de temps après sa mort.

« Je serai reine quand même… »

Divine, le narrateur de Notre-Dame des fleurs, *évoque des amants qui portent des surnoms féminins. « Elles » désignent le groupe de travestis et d'homosexuels auxquels le prisonnier rêve dans sa cellule.*

Elles hantaient[1], la nuit, des bars étroits qui n'avaient pas la gaieté fraîche et la candeur des musettes les plus louches[2]. On s'y aimait, mais dans la peur, dans cette sorte d'horreur que nous procure le rêve le plus gracieux. Nos amours ont des gaietés tristes, et, si nous avons plus d'esprit que les amoureux du dimanche au bord de l'eau, notre esprit attire le malheur. Un rire n'éclôt ici que d'un drame. Il est un cri de douleur.

Dans l'un de ces bars : comme chaque soir, Divine a sur ses cheveux posé un petit tortil[3] de baronne en perles fausses. Elle ressemble à l'aigle couronné des

héraldistes[4], tendons[5] du cou apparents sous la plume de son boa. Mignon est en face d'elle. Autour, à d'autres tables, les Mimosas, Antinéa, Première Communion[6]. On parle des bonnes amies absentes. Judith entre et, devant Divine, s'incline jusqu'à terre :
– Bonjour, madame !
– La conne, clame Divine.
– *Die Puppe hat gesprochen*, dit un jeune Allemand.

Divine rit aux éclats. La couronne de perles tombe à terre et se brise. Condoléances auxquelles la joie méchante donne des richesses de tonalité : « La Divine est découronnée !... C'est la Grande-Déchue !... La pauvre Exilée !... » Les petites perles roulent dans la sciure[7] semée sur le plancher où elles sont semblables aux perles de verre que les colporteurs[8] vendent peu de chose aux enfants, et celles-ci sont pareilles aux perles de verre que nous enfilons chaque jour dans des kilomètres de fil de laiton[9], avec quoi, en d'autres cellules, on tresse des couronnes mortuaires pareilles à celles qui jonchaient le cimetière de mon enfance, rouillées, brisées, s'effritant par le vent et la pluie, ne gardant au bout d'un léger fil de laiton noirci qu'un tout petit ange en porcelaine rose avec des ailes bleues. Dans le cabaret, toutes les tantes[10] sont soudain agenouillées. Seuls, les hommes s'érigent droits. Alors, Divine pousse un rire en cascade stridente. Tout le monde est attentif : c'est son signal. De sa bouche ouverte, elle arrache son dentier, le pose sur son crâne et, le cœur dans la gorge mais victorieuse, elle s'écrie d'une voix changée, et les lèvres rentrées dans la bouche :
– Eh bien, merde, mesdames, je serai reine quand même.

Quand j'ai dit que Divine était faite d'une eau pure, j'aurais dû préciser qu'elle était taillée dans des larmes. Mais faire son geste était peu de chose à côté de la grandeur qu'il lui fallut pour accomplir celui-ci : retirer de dessus ses cheveux le bridge[11] et le rentrer dans la bouche et l'y accrocher.

Notre-Dame des fleurs (1944), éd. Marc Barbezat-L'Arbalète.

1. Fréquentaient.
2. *La candeur [...] louches* : la naïveté des bals les plus mal fréquentés.
3. Couronne.
4. Amateur d'armoiries (marques distinctives des nobles).
5. Muscles.
6. Surnoms féminins de tous les compagnons homosexuels de Divine.
7. Poussière de bois.
8. Marchands ambulants.
9. Travail imposé aux prisonniers.
10. Homosexuels (argot).
11. Dentier.

OBSERVEZ

- Cette scène nocturne se déroule dans un lieu « mal fréquenté » : cette assemblée de repris de justice, homosexuels aux noms féminins donne une image inversée et caricaturale de la société ; elle a la grandeur du grotesque.

- Derrière la mise en scène brillante (boa, couronne de fausses perles) et le défi représenté par le geste dramatique et glorieux de Divine, se cachent de grandes douleurs (évocation du travail quotidien des prisonniers et de la mort).

71 Michel TOURNIER
Les mythes et leur sens paradoxal

Né en 1924

« Mon propos n'est pas d'innover dans la forme mais de faire passer dans une forme aussi traditionnelle, préservée et rassurante que possible une matière ne possédant aucune de ces qualités. » Il n'est pas moderne dans la forme ; il est rassurant parce qu'il raconte des histoires. Pour tout le reste, c'est un écrivain moderne. Ses histoires, ce sont des mythes : « À un niveau supérieur, le mythe c'est toute une théorie de la connaissance ; à un étage plus élevé encore, cela devient moral, puis métaphysique, puis ontologie... sans cesser d'être la même histoire ». Ses personnages, ce sont des enfants, des marginaux, des êtres à la sexualité imprécise, des pervers, des individus inclassables et inquiétants. Il part d'un texte (*Robinson Crusoë*, *La Bible*...) pour en révéler les significations paradoxales (Vendredi est le maître de Robinson), sans limiter les interprétations possibles.

© Hires Chip / Gamma

1924 Naissance à Paris dans une famille aisée. Catholicisme, musique, culture allemande marqueront son enfance.

1946-1949 Séjour en Allemagne.

1949-1954 Il échoue à l'agrégation de philosophie, renonce à l'enseignement, travaille à la radio et fait des traductions.

1967 *Vendredi ou Les Limbes du Pacifique*, qu'il adaptera pour les enfants en 1977 (*Vendredi ou La Vie sauvage*).

1968-1980 *Le Roi des Aulnes* reçoit le prix Goncourt. Sa notoriété est confirmée. Publie de grands romans : *Les Météores* (1975), *Gaspar, Melchior et Balthazar* (1980) et une autobiographie intellectuelle, *Le Vent Paraclet* (1977).

1980-1981 Écrit des recueils pour les enfants : *Barbedor* (1980) ; des ouvrages sur la photographie : *Vue de dos*, photos d'Édouard Boubat (1981).

1996 *Eléazar*.

À SIGNALER

Michel Tournier va souvent dans les écoles discuter de ses romans avec les jeunes élèves. Il effectue de fréquents voyages et fait des conférences à l'étranger. Pour lui, l'écrivain a un rôle d'initiateur.

Vendredi ou Les Limbes du Pacifique

Au début du roman, Robinson règne en maître sur l'île. Quand Vendredi arrive, il le traite en esclave. Un jour, par mégarde, Vendredi fait exploser la grotte où Robinson gardait toutes ses affaires. C'est le moment où une révolution s'opère dans l'esprit de Robinson. En voici le récit dans l'ouvrage original puis dans l'adaptation que Tournier en a faite pour les jeunes.

L'explosion n'avait pas tout à fait tué le vieil homme en Robinson, car l'idée l'effleura qu'il pouvait encore assommer son compagnon, endormi à côté de lui – il avait mille fois mérité la mort – et entreprendre de retisser patiemment la toile de son univers dévasté. Or la peur de se retrouver seul à nouveau et l'horreur que lui inspirait cette violence n'étaient pas seules à le retenir. Le cataclysme qui venait d'avoir lieu, il y aspirait

secrètement. En vérité l'île administrée lui pesait à la fin presque autant qu'à Vendredi. Vendredi, après l'avoir libéré malgré lui de ses racines terriennes, allait l'entraîner vers *autre chose*. À ce règne tellurique qui lui était odieux, il allait substituer un ordre qui lui était propre, et que Robinson brûlait de découvrir. Un nouveau Robinson se débattait dans sa vieille peau et acceptait à l'avance de laisser crouler l'île administrée pour s'enfoncer à la suite d'un initiateur irresponsable dans une voie inconnue. [...]
Vendredi ne travaillait à proprement parler jamais. Ignorant toute notion de passé et de futur, il vivait enfermé dans l'instant présent. Il passait des jours entiers dans un hamac de lianes tressées qu'il avait tendu entre deux poivriers, et du fond duquel il abattait parfois à la sarbacane les oiseaux qui venaient se poser sur les branches, trompés par son immobilité. Le soir, il jetait le produit de cette chasse nonchalante aux pieds de Robinson qui ne se demandait plus si ce geste était celui du chien fidèle qui rapporte, ou au contraire celui d'un maître si impérieux qu'il ne daigne même plus exprimer ses ordres. En vérité il avait dépassé dans ses relations avec Vendredi le stade de ces mesquines alternatives. Il l'observait, passionnément attentif à la fois aux faits et gestes de son compagnon et à leur retentissement en lui-même où ils suscitaient une métamorphose bouleversante.

Vendredi ou Les Limbes du Pacifique (1967), éd. Gallimard.

Vendredi ou La Vie sauvage

Robinson réfléchissait en regardant la lune entre les branches noires du cèdre. Ainsi toute l'œuvre qu'il avait accomplie sur l'île, ses cultures, ses élevages, ses constructions, toutes les provisions qu'il avait accumulées dans la grotte, tout cela était perdu par la faute de Vendredi. Et pourtant il ne lui en voulait pas. La vérité, c'est qu'il en avait assez depuis longtemps de cette organisation ennuyeuse et tracassière, mais qu'il n'avait pas le courage de la détruire. Maintenant, ils étaient libres tous les deux. Robinson se demandait avec curiosité ce qui allait se passer, et il comprenait que ce serait désormais Vendredi qui mènerait le jeu. [...]
Vendredi commença leur nouvelle vie par une longue période de siestes. Il passait des journées entières dans le hamac de lianes tressées qu'il avait tendu entre deux palmiers au bord de la mer. Il bougeait si peu que les oiseaux venaient se poser dans les arbres tout près de lui. Alors il tirait sur eux avec sa sarbacane, et, le soir, il faisait rôtir avec Robinson le produit de cette sorte de chasse, certainement la méthode la plus paresseuse qui existât. De son côté, Robinson avait commencé à se transformer complètement. [...]
Du coup il paraissait beaucoup plus jeune, presque le frère de Vendredi. [...]
Mais surtout il regardait faire Vendredi, il l'observait, et il apprenait grâce à lui comment on doit vivre sur une île déserte du Pacifique.

Vendredi ou La Vie sauvage (1977), éd. Gallimard.

OBSERVEZ

- Dans le roman de Daniel Defoe, *Robinson Crusoé* (1719), Robinson, un Anglais, est le supérieur naturel de Vendredi. Ici, Robinson devient le frère de Vendredi et il comprend qu'il a beaucoup à apprendre de lui.

- Chaque culture entretient des valeurs qui lui paraissent évidentes mais qui sont, en fait, relatives. Robinson vénère le travail, Vendredi sait tirer profit de la paresse... Ce livre est aussi un plaidoyer contre le racisme.

72 LE CLÉZIO
L'éternel nomade

Jean-Marie Gustave Le Clézio explore l'ailleurs dans toutes ses dimensions et ses voyages sont autant de quêtes philosophiques. Qu'ils se déroulent dans le désert du Sahara, au Mexique ou chez les Indiens du Panama, ils sont toujours l'occasion d'une écoute attentive de l'autre. Le Clézio veut témoigner de la richesse de mondes différents, non encore modifiés par le contact avec un occident matérialiste et prédateur. L'écriture fluide, limpide, qui en appelle aux éléments naturels, au sable, aux roches, aux arbres, compose les romans comme des œuvres poétiques.

Né en 1940

1940 Naissance à Nice de Jean-Marie Gustave Le Clézio, dans une famille d'origine mauricienne.

1948-1949 Voyage au Nigéria. Son père y est médecin. Études universitaires à Nice et en Angleterre.

1963 Lauréat, à 23 ans, du prix Renaudot, avec *Le Procès verbal*, son premier roman.

1966-1968 Enseigne à Bangkok, puis au Mexique.

1970-1974 Part vivre chez les Indiens Emberas, au Panama.

1980-1997 Partage sa vie entre la France et le Mexique. *Désert* (1980), *Le Chercheur d'or* (1985), *Onitsha* (1991), *Frida et Diego* (1993), *Gens des nuages*, en collaboration avec sa femme Jemia (1997).

Ivresse de la danse

Un journaliste entraîne l'héroïne, Lalla Hawa, dans une boîte de nuit de Marseille.

Elle danse, pour partir, pour devenir invisible, pour monter comme un oiseau vers les nuages. Sous ses pieds nus, le sol de plastique devient brûlant, léger, couleur de sable, et l'air tourne autour de son corps à la vitesse du vent. Le vertige de la danse fait apparaître la lumière, maintenant, non pas la lumière dure et froide des spots, mais la belle lumière du soleil, quand la terre, les rochers et même le ciel sont blancs. C'est la musique lente et lourde de l'électricité, des guitares, de l'orgue et des tambours, elle entre en elle, mais peut-être qu'elle ne l'entend même plus. La musique est si lente et profonde qu'elle couvre sa peau de cuivre, ses cheveux, ses yeux. [...] Dans la grande salle, il n'y a plus tous ces murs, ces miroirs, ces lueurs. Ils ont disparu, anéantis par le vertige de la danse, renversés. Il n'y a plus ces villes sans espoir, ces villes d'abîmes, ces villes de mendiants et de prostituées, où les rues sont des pièges, où les maisons sont des tombes. Il n'y a plus tout cela, le regard ivre des danseurs a effacé tous les obstacles, tous les mensonges anciens. Maintenant, autour de Lalla Hawa, il y a une étendue sans fin de poussière et de pierres blanches, une étendue vivante de sable et de sel, et les vagues des dunes. C'est comme autrefois, au bout du sentier à chèvres, là où tout semblait s'arrêter, comme si on était au bout de la terre, au pied du ciel, au seuil du vent.

Désert (1980), éd. Gallimard.

OBSERVEZ

- La danse fonctionne comme une transe : elle permet d'abolir le temps, la distance. Le mouvement du corps, le souffle, le rythme imposé par les pieds entraîne la conscience dans un état second qui permet à Lalla Hawa de retrouver la terre de ses ancêtres : le désert.

- La lumière et les sons occupent une place importante dans le texte. Mobilisant les sens, la vue, l'ouïe, ils habitent le corps de Lalla, participant de l'ivresse qui s'empare d'elle et la transporte hors des murs clos de la boîte de nuit.

Frédéric DARD
(dit SAN ANTONIO)
Humour et roman noir

Les aventures de San Antonio ont renouvelé le genre du roman policier populaire, qu'il tourne en dérision, négligeant l'intrigue pour la transformer en une formidable farce rabelaisienne. Le ton est systématiquement rebelle et la langue exploite les jeux de mots, la grivoiserie, les métaphores astucieuses et toutes les formes d'humour.
Frédéric Dard, a réussi à réconcilier dans un immense fou-rire un lectorat intellectuel et un lectorat populaire.

À SIGNALER Les personnages s'expriment avec des approximations : « mots écrasés » pour « mots croisés », « tactique hardie » pour « tachycardie », « répugner sa dame » pour « répudier sa femme », etc.

né en 1921

1945 Originaire d'une famille modeste d'artisans installée à Lyon, Frédéric, jeune journaliste, monte une petite maison d'édition où il publie, sans grand succès, ses premiers romans, puis s'installe à Paris.

1950 Parution du premier *San Antonio*, aux Éditions Fleuve Noir qui débutent : les aventures du commissaire San Antonio vont connaître un immense succès.

1956-1960 Pendant cette période, Frédéric Dard publiera jusqu'à 12 *San Antonio* par an. Il reçoit, en 1957, le Grand Prix de la Littérature Policière.

1967 *Le Standinge* et l'*Histoire de France selon Bérurier* dépassent le million d'exemplaires.

San Antonio, vous connaissez ?

Moi, vous me connaissez ?
Quand la femme d'un zig[1] qui m'a sauvé la vie vient chialer[2] dans mon giron[3] en me disant que son mari va être flingué[4] deux jours plus tard pour haute trahison, je vole à la rescousse.
Même si c'est à Saigon que le mec[1] en question doit effacer sa ration de prunes[5].
Béru, vous le connaissez ? Il est toujours prêt à suivre son supérieur aussi hiérarchique que bien-aimé sur les sentiers de la gloire et de la châtaigne[6], même quand il s'agit d'un boulot[7] d'ordre privé.
Les femmes, vous les connaissez ? Plus elles sont baths[8], plus elles vous attirent d'emmouscaillements[9]. Heureusement que moi aussi, je les connais !
Ainsi que la manière de s'en servir !
Quant à mon style, si vous ne le connaissez pas encore, c'est le moment de vous y mettre. Car ça me ferait mal à la thyroïde[10] que vous décédiez en n'ayant lu que Montaigne et Jean-Jacques Rousseau !
Souvenez-vous d'une chose, les gars[1] : la culture, y'a que ça de vrai !

Mange et tais-toi, (1966), éd. Fleuve noir.

1. *Zig, mec, gars* : homme (fam.). 2. Pleurer (fam.). 3. *Dans mon giron* : auprès de moi. 4. Tuer par balles (argot). 5. Balles de revolver (argot). 6. Bagarre (argot). 7. Travail (fam.). 8. Belles, séduisantes (argot). 9. Ennuis (argot). 10. *Ça me ferait mal à la thyroïde* : ça m'ennuierait (argot).

O B S E R V E Z

Cette page de quatrième de couverture du roman *Mange et tais-toi*, illustre pour le futur lecteur l'utilisation de l'argot, les expressions réinventées, mais aussi la référence à la culture savante. On y voit la parodie du roman noir avec, par exemple, le rôle dévolu aux femmes.

SOMMAIRE

Introduction 2

1. Chanson de Roland 5
2. Chrétien de Troyes 6
3. Tristan et Iseult 7
4. Roman de Renart 8
5. François Villon 9
6. François Rabelais 10
7. Joachim Du Bellay 12
8. Pierre de Ronsard 13
9. Michel de Montaigne 14
10. René Descartes 16
11. Blaise Pascal 18
12. Pierre Corneille 20
13. Jean de La Fontaine 22
14. Molière 24
15. Jean Racine 26
16. Marivaux 28
17. Montesquieu 30
18. Voltaire 32
19. Jean-Jacques Rousseau 34
20. Denis Diderot 36
21. Beaumarchais 38
22. Choderlos de Laclos 40
23. René de Chateaubriand 42
24. Alphonse de Lamartine 43
25. Stendhal (Henri Beyle dit) 44
26. Honoré de Balzac 46
27. Victor Hugo 48
28. Alexandre Dumas 50
29. Alfred de Musset 52
30. Gustave Flaubert 54
31. Charles Baudelaire 56
32. Jules Verne 58
33. Stéphane Mallarmé 59
34. Émile Zola 60
35. Paul Verlaine 62
36. Arthur Rimbaud 64
37. Guy de Maupassant 66
38. Georges Feydeau 68
39. Edmond Rostand 70
40. Paul Claudel 72
41. Marcel Proust 74
42. André Gide 76
43. Guillaume Apollinaire 77
44. Colette 78
45. Sacha Guitry 80
46. Jean Cocteau 82
47. Louis-Ferdinand Céline 84
48. Marcel Pagnol 86
49. Jean Giono 88
50. Paul Valéry 90
51. André Breton 91
52. Paul Eluard 92
53. Louis Aragon 93
54. Jacques Prévert 94
55. Antoine de Saint-Exupéry 96
56. André Malraux 98
57. Raymond Queneau 100
58. Georges Perec 101
59. Georges Simenon 102
60. Marguerite Yourcenar 104
61. Jean-Paul Sartre 106
62. Samuel Beckett 108
63. Simone de Beauvoir 110
64. Eugène Ionesco 112
65. Nathalie Sarraute 114
66. Albert Camus 116
67. Aimé Césaire 118
68. Marguerite Duras 120
69. Roland Barthes 121
70. Jean Genet 122
71. Michel Tournier 124
72. Le Clézio 126
73. San Antonio (Frédéric Dard dit).. 127

Les portraits des écrivains non référencés portent la mention : photo Hachette.

Imprimé en France par IME 25110 Baume les Dames
Dépôt légal 3845 - 06 / 2000 Edition n° 01